여기 오면

다
잘될 줄
알았지

여기 오면
다 잘될 줄 알았지

2024년 9월 30일 1판 1쇄 발행

지은이 | 곽세영
펴낸이 | 양승윤

펴낸곳 | ㈜와이엘씨
주　소 | 서울특별시 강남구 강남대로 354 혜천빌딩 15층
전　화 | Tel. 555-3200
팩　스 | Fax. 552-0436

출판등록 | 1987. 12. 8. 제1987-000005호
http://www.ylc21.co.kr

값 18,800원
ISBN 978-89-8401-266-0 03810

* 영림카디널은 ㈜와이엘씨의 출판 브랜드입니다.
* 소중한 기획 및 원고를 이메일 주소(editor@ylc21.co.kr)로 보내주시면,
  출간 검토 후 정성을 다해 만들겠습니다.

차례

8　프롤로그

Chapter 1
당신, 실리콘밸리 라이프를 꿈꾸는가

15　1. 실리콘밸리에서도 다들 구글, 애플만 들어가고 싶어 할까?
21　2. 대기업 vs 스타트업, 답은 정해진 게 아니야
29　3. 영어를 얼마나 잘해야 실리콘밸리에서 일할 수 있을까?
35　4. 실리콘밸리에는 개발자만 있는 게 아니다
52　5. 매니저와 디렉터는 뭐가 어떻게 다른 거지?

Chapter 2
입사 성공, 오늘부터 두근두근 첫 출근

59　1. 여기서 사만다가 샘으로 불리는 이유
70　2. 실리콘밸리는 지금도 재택근무가 대세?
77　3. 요즘은 인종 차별이 아니라 스펙 차별
87　4. 나를 먼저 홍보하지 못한다면 뒤처진다
97　5. 실리콘밸리에서는 내 성과를 어떻게 평가할까?

Chapter 3

달콤한 혹은 매운 직장 생활 이야기

109 1. ADHD이지만 나름대로 회사 잘 다닙니다

115 2. 나이 45세 희귀종인 걸 스스로 느낄 때

123 3. 실리콘밸리에서는 실수해도 안 잘려

133 4. 술이 덜 깨서 오늘 회의는 빠질게요

Chapter 4

경쟁하지 않고 맛보는 성공

143 1. 파이를 자르지 말고 그냥 더 구워

151 2. 여기서도 친구는 나의 큰 재산이다

157 3. 미국에 뚱뚱한 사람들 다 어디 갔어?

Chapter 5

우리 회사, 상장하면 나한테 좋을까

169 1. 실리콘밸리에서 내 회사가 상장하는 과정

180 2. 내 꿈은 유니콘 회사에 다니는 것

185 3. 상장한 다음엔 꽃길만 걷게 될까?

Chapter 6
정리 해고, 잠깐 아파도 길게 보면 우상향

- 195 1. 일 못해서 잘리는 게 아니라고?
- 205 2. 찬바람이 불어도 새로운 기회는 있다
- 210 3. 그나저나 퇴직금은 얼마 받나요?
- 220 4. 정리 해고가 가져온 변화들 그리고 미래

Chapter 7
내가 느낀 회사 밖 실리콘밸리의 민낯

- 235 1. 실리콘밸리에서는 모두 백만장자만 살까?
- 246 2. 여기선 아이비리그 졸업장이 필요 없는 이유
- 253 3. 그렇게 바쁘다면서 다들 연애는 잘하네
- 263 4. 왜 실리콘밸리에는 중독자들이 많을까?

부록

실리콘밸리에 취업하려면 꼭 알아야 할 것들

- 275 1. 해외 취업용 영어 공부, 난 이렇게 했다
- 281 2. 부트캠프, 미국에서도 취업에 도움 될까?
- 289 3. 온라인 이력서 링크드인 계정 만들기
- 295 4. 면접 전부터 먼저 나를 세일즈하라
- 301 5. 면접 때 이렇게 말하면 반드시 떨어진다

- 310 에필로그

프롤로그

아침에 일어나서 눈 뜨고 밤에 잠들기까지 실리콘밸리에서 개발한 제품이나 앱을 한시도 사용하지 않는 때가 없는 것 같다. 기술과 관련된 소식뿐만 아니라 경제나 정치계에서까지 요즘은 전 세계 어디를 가나 실리콘밸리의 계속되는 성장과 부를 빼놓고는 세상 돌아가는 이야기를 할 수가 없을 정도다.

나는 실리콘밸리 근교에 살다 보니 다른 지역보다는 조금 더 실리콘밸리의 수혜를 가깝게 느끼고 산다. 아침에 문을 열고 집을 나서면 자율 주행 자동차들이 거리를 활보하고 있고, 업무 시간에는 개발을 도와주는 AI 프로그램을 사용하면서 일을 한 지 꽤 오래되었다. 내가 근무하는 사무실에서 조금만 걸어가면 ChatGPT를 개발한 회사인 OpenAI가 있고, 그 밖에도 우리에게 친숙한 실리콘밸리 대기업들이 줄지어 자리를 잡고 있다.

내가 가끔 한국에 갈 기회가 있을 때도 큰 서점의 베스트셀러 코너에는 실리콘밸리의 성공을 주제로 한 책이나 이곳의 저명한 경영인이 쓴 자서전, 경영 철학서 등이 꼭 한두 권은 끼어 있다. 우리는 실리콘밸리의 성공에 익숙하지만, 모든 것에는 양면이 있듯 이런 화려하고 찬란한 성공은 이곳의 단면에 불과하다. 언론을 통해 보이는 일부 실리콘밸리 회사들의 성공 뒤에는 수많은 스타트업들의 실패가 있으며, 몇몇 젊은 성공한 기업가들 뒤에는 수많은 이들의 꿈, 노력, 좌절 그리고 끝없는 도전과 실패들이 존재한다.

인공지능 하면 OpenAI의 CEO 샘 올트먼이나 마이크로소프트의 CEO 사티아 나델라를 떠올리지만, 이런 기술이 나오기까지 수십 년간 많은 이들의 보이지 않는 노력과 시행착오들이 거듭되었다. 우리는 가장 앞에서 오케스트라를 지휘하는 사람들에게만 주목했지, 뒤에서 아름다운 음악을 연주하는 이들이 있는 것처럼 이런 신기한 기술을 직접 만들어 내는 사람들에 대한 이야기를 직접 들을 기회는 별로 없다.

우리가 보기에 다소 행동이 어색하고 사회성도 떨어져 보이는 '너드Nerd'라는 이미지가 익숙한 실리콘밸리 사람들은 결국 언론이 만들어 낸 캐릭터들이다. 막상 이곳에서 일하며 느낀 점은 여기 사람들도 우리와 다를 바가 없다는 것이다. 우리와 비슷한 문제나 고민을 가지고 살아가는 평범한 직장인이 대부분이다. 승진, 결혼, 내 집 마련, 아이들 학교 문제 등 술잔을 앞에 두고 하는 얘기들은 한국과 별반 다르지 않다.

평생 컴퓨터로 이메일을 보내거나 프레젠테이션이나 만들던 35살의 나에게 개발자의 기회를 준 이곳에서 나처럼 실리콘밸리의 문을 두드리고 싶어 하는 분들, 좀처럼 접하기 어려운 실리콘밸리의 뒷면을 보고 싶으신 분들, 또 이곳의 직장인들은 정리 해고에 어떻게 맞서는지 궁금하신 분들을 위해서 글을 쓰기 시작했다. 이 책이 한국 독자분들에게 실리콘밸리의 조금 색다른 모습을 볼 수 있는 기회가 되었으면 한다.

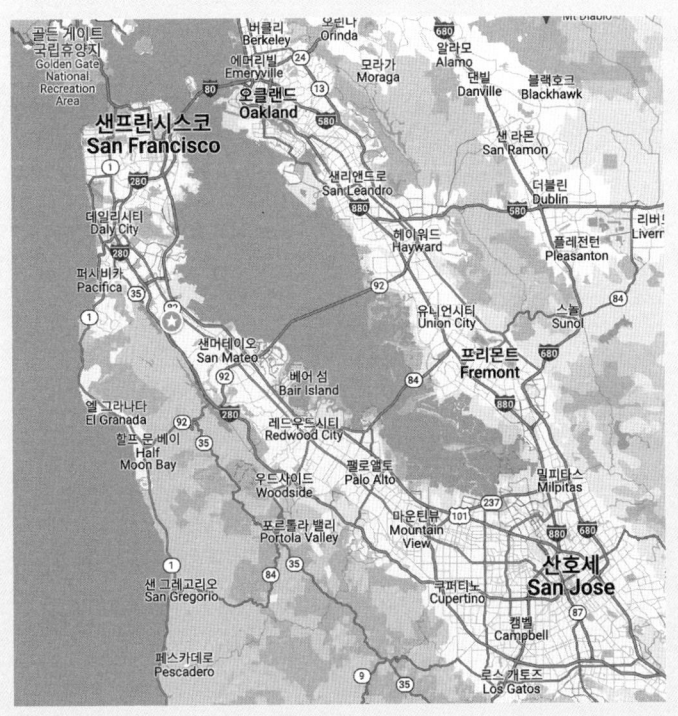

샌프란시스코만(San Francisco Bay)

엄밀히 말하자면 샌프란시스코와 그 일대의 오클랜드, 버클리는 실리콘밸리에 포함되지 않는다. 실리콘밸리는 스탠퍼드 대학이 있는 팔로 알토에서부터 산호세까지를 일컫는다. 그러나 요즘은 실리콘밸리 회사들이 계속해서 사무실을 확장하면서 그 경계가 모호해졌다.

Chapter 1

당신, 실리콘밸리 라이프를 꿈꾸는가

1

실리콘밸리에서도 다들 구글, 애플만 들어가고 싶어 할까?

한국에서도 경제에 관한 소식을 들을 때 실리콘밸리 기업들이 자주 언급된다. 이는 세계 시장이 가까워지고 기술 혁신을 기반으로 한 제품과 서비스가 중요해지고 있기 때문이기도 하지만, 실리콘밸리 기업들의 막대한 자본과 글로벌 경제에 미치는 영향도 중요한 이유 중 하나다. 요즘 들어 경제에 관한 이야기, 특히 주식 투자에 관한 기사를 접할 때 자주 등장하는 용어가 Magnificent 7(줄여서 M7), 즉 '위대한 7개 기업'이라는 뜻으로 2024년 3월 기준으로는 마이크로소프트, 애플, 구글, 아마존, 엔비디아, 메타, 테슬라가 여기에 포함된다.

일반인들에게는 잘 알려지지 않았지만, 이곳에서도 오래전부터 사용해 온 '실리콘밸리 회사들의 아이비리그'에 해당하는 용어가 따로 있다. FAANG이라는 용어로 페이스북 Facebook, 애플Apple, 아마존Amazon, 넷플릭스Netflix, 구글Google 의 앞 글자를 따서 만들어진 단어다. MIT나 스탠퍼드 대학 등이 엄밀히 말해 아이비리그 학교에 속하지 않지만 누구나 명문으로 인정하는 것처럼, 시간이 지나면서 인기 있는 회사들의 리스트도 조금씩 바뀌었다. 그래서 요즘은 FAANG이 꼭 이 5개 회사만이 아닌 현재 주목받는 회사들을 대표하는 말로 쓰이기도 한다.

지난 몇 년간 FAANG을 비롯해 에어비앤비, 우버, 스냅, 테슬라 등이 실리콘밸리에서 한동안 인기 있는 상장사들이었고 최근엔 엔비디아가 당연히 이 대열에 끼게 되었다. 이런 일반인들에게 많이 알려진 회사들도 있지만, VMware를 인수한 브로드컴Broadcom처럼 일반인들에게 잘 알려져 있지 않지만 규모가 상당히 크고 실적이 좋은 회사들도 실리콘밸리에서는 인기 있는 대기업이다. 꼭 실리콘밸리에 본사가 없어도 IT 분야에 오랫동안 큰 자리를 지키고 있는 IBM, 인텔, 오라클 등도 무시할 수 없는 대기업들이다. 아마존과 마이크로소프트도 본사는 시애틀에 있지만, 이런 회사들은 실리콘밸리에 큰 캠퍼스(여기서는 사무실 대신 대학처럼 캠퍼스라고 부르는 경우가 많다)가 있어서 실리콘밸리에도 직원들이 상당히 많다. 이런 대기업들은 전 세계 어디에서나 알아주고 자금이나 수입 면에서도 안정되어 있으며, 급여와 직원 복지도 좋아서 선호하는 사람들이 많은 대기업들이다.

　한국뿐 아니라 외국에서도 이런 대기업에서 일한다고 하면 우선 사람을 보는 눈이 달라진다. 실리콘밸리에서도 그렇다. 위에 언급한 회사들에서 일한다고 하면 더 그렇다. 그래서 실리콘밸리에는 대기업 입사를 도와주는 전문 면접 학원도 많고 고가의 과외 선생님들도 어렵지 않게 찾을 수 있다. 학원비나 과외비는 수천만 원을 먼저 내거나 성공적으로 입사했을 때 연봉의 10~15%를 요구하는 것이 대부분이다.

　실리콘밸리 대기업들이 가진 매력에는 여러 가지가 있지만 엔지니어로서는 당연히 최신 기술을 접할 수 있다는 점을 가장 큰 장점으로 들 수 있다. 운이 좋으면 이런 기술을 개발하는 프로젝트에 직접 참여할 수도 있고, 그렇지 않더라도 제품의 개발 과정을 지켜볼 수 있는 기회를 얻을 수 있다. 실리콘밸리 대기업들이 보유하고 있고 또 계속 생성하는 데이터의 크기, 사용자의 숫자나 지역 분포도는 상상을 초월한다. 이렇게 큰 데이터를 가지고 제품을 만들거나 이런 방대한 정보를 처리하는 시스템을 구축, 관리하고 그것을 이용해서 인공지능을 훈련시키는 등의 일은 세상에 몇 안 되는 엔지니어들만이 경험할 수 있는 특권이다. 꼭 기술 분야가 아니더라도 실리콘밸리의 인재 관리 방식, 마케팅 그리고 큰 데이터를 이용한 제품 개발 방식 등은 어디에서나 쓸 수 있는 좋은 경험이 될 수 있다.

다양성과 포용성에 관한 정책들이 좋다는 것도 대기업의 장점 중 하나다. 대기업은 다양한 문화와 배경을 가진 사람들과 일할 수 있는 기회를 줄 뿐만 아니라 세계에서 가장 잘 다듬어진 포용적인 근무 환경을 가지고 있다. 이런 이유로 많은 여성이나 소수민족 출신 엔지니어들이 대기업을 선호하기도 한다. 아무래도 작은 회사에서는 같은 처지의 사람들을 찾기도 어렵고, 이런 이들을 위한 복지나 근무 환경이 대기업만큼 잘 갖추어져 있지 않기 때문이다. 실제로 이런 대기업들의 다양성에 관한 정책이나 직원들을 위한 편의, 복지 제도들은 많은 스타트업이나 업계에 큰 본보기가 된다. 그뿐 아니라 관리자 교육, 면접을 주도하는 방법, 효과적인 업무 성과 관리, 신입 사원 교육 등 대기업은 여러 가지 면에서 최첨단의 경영 방법을 시도한다. 그래서 기술만큼이나 조직의 문화나 경영 등 여러 방면에서 배울 수 있는 점이 많다는 것도 큰 장점이다.

다양한 분야의 전문가들 간 네트워크도 큰 장점 중 하나다. 많은 창업자들이 보통 대기업 출신인 경우가 많고, 이런 사람들이 회사를 설립하거나 확장할 때 함께 일했던 사람들을 채용하거나 스카우트하는 사례가 여기서는 다반사다. 또 이런 대기업에는 유명한 사람들도 많이 다닌다. 꼭 일론 머스크나

마크 저커버그처럼 대중적으로 알려진 인물들이 아니더라도 유명한 시스템을 창시한 사람, 프로그래밍 언어를 만든 이, 많은 사람들이 쓰는 오픈 소스의 관리자 등 각 분야에서 저명한 사람들이 대기업 소속인 경우가 많다. 대기업들은 자체 개발한 시스템이나 프로그램 등을 공개, 즉 오픈 소스화시키는 경우도 많고, 업계의 리더가 되기 위해 자사의 제품이나 프로젝트를 알리고 공개하는 것을 적극 장려하고 지원하는 편이라 그렇다. 이런 큰일에 참여하는 것도 보람된 일이지만, 업계에 잘 알려진 유명한 사람들과 함께 프로젝트를 운영하거나 같은 부서에서 일한다는 것만으로도 영광일 수 있다.

무엇보다 전 세계 사람들이 다 아는 유명한 회사에 다닌다는 소속감, 자신감, 그리고 회사에서 제공하는 여러 가지 꿈같은 혜택들은 정말 달콤한 유혹이 아닐 수 없다. 거기에 부모님들과 친구들이 느끼는 자랑스러움과 부러움까지 더해지면 실리콘밸리 대기업을 마다하기는 쉽지 않다. 그러나 여기에는 스타트업만 고집하는 사람들도 의외로 많다.

보통 언론에서 보이는 스타트업 직원들은 밤늦게까지 일하는 열정과 패기가 넘치는 젊은이들이 대다수다. 그래서 스타트업에 다닌다고 하면 젊은이들 사이에 껴서 엄청난 업무량과 긴 업무 시간에 시달려야 한다고 생각하는 경향이 있다. 물론 그런 곳도 있지만 그렇지 않은 곳도 많다. 언론에서 비치는 스타트업처럼 매일 늦게까지 주말도 없이 일하는 젊은 분위기보다는 '워라밸'을 중시하는 곳도 생각보다 많다. 그럼 본격적으로 스타트업의 매력에 대해서 좀 더 들여다보자.

2

대기업 vs 스타트업, 답은 정해진 게 아니야

 빛나는 대기업의 이름표를 목에 건 채 회사에서 보내주는 셔틀버스를 타고 출근하는 이들을 보면, 실리콘밸리에 오래 산 나도 가끔은 부러운 마음이 든다. 안에서나 밖에서나 대우도 많이 받고, 한 번 대기업에서 일했다고 하면 여기저기서 모셔 가려고 하니 대기업을 선호하는 사람들이 많은 것은 당연한 일이다. 특히 엔지니어들은 FAANG에서 몇 년 버티고 나면 앞으로의 이직은 걱정하지 않아도 된다고 공공연하게 말할 정도다. 그래서 한 번쯤은 다들 이런 대기업에서 일하고 싶은 마음이 드는 것도 사실이다. 그럼에도, 왜 이곳의 많은 사람들은 스타트업을 고집할까?
 많은 사람들이 실리콘밸리 대기업 연봉이 다른 회사들에

비해 높을 것이라고 생각하지만, 꼭 그렇다고 볼 수는 없다. 대기업은 최고의 연봉을 제시하지 않아도 일하고 싶어 하는 사람들이 많지만, 인지도가 다소 낮은 중소기업들은 대기업보다 더 높은 연봉을 제시해야 고급 인재를 모셔 갈 수 있기 때문이다. 어느 정도 자리를 잡은 중소기업들은 특히 경력직의 경우 대기업보다 더 높은 수준의 급여를 제시한다.

실리콘밸리의 연봉 구조는 복잡하고 회사마다 여러 가지 특수한 상황이 많아서, 단순히 기본급만 봐서는 어디가 돈을 더 많이 주는지 가늠하기도 사실은 쉽지 않다. 더군다나 상장을 하지 않은 스타트업의 경우는 더욱 그렇다. 스타트업은 대기업에 비해 기본급은 다소 적지만, 제시하는 스톡옵션이 큰 편이다. 그래서 스타트업이 상장을 하면 직원들은 대박이 나고, 상장을 못 하면 가지고 있는 주식이 당첨 안 된 복권이나 마찬가지가 된다. 그래서 상장 전의 스타트업을 다닌다는 말은 한마디로 받는 급여의 상당 부분을 가지고 도박하는 격이다. 그래도 수십 년 동안 우리가 보고 들어왔던 찬란한 실리콘밸리 스타트업의 성공 사례들 때문인지, 여기서는 대박을 꿈꾸며 스타트업을 고집하는 사람들도 많고, 또 대기업에서 일하다가 스타트업으로 이직하는 사람들도 생각보다 많다.

이래서 실제로 실리콘밸리 사람들이 가장 선망하는 회사들은 '상장을 앞둔 스타트업'들이다. 언론에 관심을 많이 받고 상장이 가까워질수록 이런 '뜨는 회사'에 들어가기가 힘들어진다. 설령 엄청난 경쟁률을 뚫고 입사해도 상장까지 가는데 폭풍을 만난 배처럼 흔들리는 경험을 많이 한다. ChatGPT를 만든 OpenAI나 GM이 투자한 자율 주행 차량 회사인 크루즈Cruise 등이 제일 뜨는 회사들 중 하나로, 실리콘밸리를 최근 몇 년간 뜨겁게 달궜었다. 이런 큰 관심과 투자가 집중된 스타트업을 다니는 것은 어느 부분에서는 롤러코스터를 탄 것 같은 기분이 들게 한다. 그러나 입사해서 이런저런 폭풍을 헤치고 상장을 하고 나면 직원들은 대개는 금전적으로 큰 보상을 받는다. 물론 본인이 어느 정도의 주식을 가지고 있느냐, 또 언제 주식을 처분하느냐에 따라 차이가 있지만, 실리콘밸리에서 말하는 '대박'이 바로 이런 스타트업들에서 나온다.

  내 친구 중에 하버드 대학에서 컴퓨터 공학을 전공하고 컨설턴트로 오래 일하다가 실리콘밸리로 온 친구가 있다. 나는 그 친구를 내가 처음 실리콘밸리에 개발자로 취직했을 때 만났다. 그 친구는 30대 초반이었지만 우리 회사의 최고 경영자가 될 정도로 실력이 뛰어났다. 둘 다 이제는 다른 회사를 다니지만 여전히 좋은 친구로 남아 가끔 만나서 맥주도 마시고 서로 필요한 일이 있으면 도와주기도 한다. 이 친구는 누가 봐도 대기업에서 모셔 갈 만한 친구다. 그 친구의 말에 따르면 한 달에 몇 번씩 대기업에서 스카우트 제안이 온다고 한다. 그래도 이 친구는 스타트업만을 고집한다. 역시 언젠가 대박 날 스타트업에 들어가서 몇 년만 일하다 퇴직하는 것이 그의 계획이다. 그렇게 그는 10년 동안 스타트업만 찾고 있는 중이다. 지금은 네 번째 스타트업에 다니고 있는데, 그 친구의 말에 따르면 이번에는 상장이 거의 확실하단다.

대기업보다 스타트업을 선호하는 이유가 꼭 돈 때문만은 아니다. 스타트업의 여러 장점 중 하나로 빠른 성과와 진급을 꼽을 수 있다. 아무리 똑똑하고 열심히 일해도 대기업에서 자신의 두각을 나타내기는 쉽지 않다. 대기업은 입사도 까다롭지만 업무 경쟁이 심할 수 있고 진급 절차도 복잡하고 정형화되어 있다. 대기업은 사람들을 관리하는 것이 체계적이고 일률적이기 때문에 회사나 팀에서 정해 놓은 틀에 맞춰서 일하지 않으면 성공하기 힘들다. 보통 대기업에서는 성과 토의 Calibration meeting이라고 해서 관리자들끼리 직원들의 성과를 논의하고 누구를 진급시킬지 등을 결정하는 자리가 정해진 시기마다 있다. 스타트업에서는 이런 공식화된 성과 관리나 절차보다 '일 잘하는 사람'으로 알려지면 진급이 빠르게 결정되는 편이다. 그리고 진급 시 대기업보다 여러 가지 조건을 더 요구할 수 있어서 그 점을 좋아하는 사람들도 많다. 기본 급여, 보너스, 주식, 재택근무 등 많은 것들이 협상 테이블에 오를 수 있다.

요즘 들어서 대기업보다 스타트업을 택하는 이유 중 하나로 실리콘밸리에 계속되고 있는 정리 해고 경향을 꼽는 사람들이 늘었다. 지난 몇 년 동안 대기업들이 정리 해고를 하는 사례를 보면 개인의 업무 성과와는 상관없이 부서 또는 제품 전체가 정리 해고 대상이 되는 일이 꽤 많았다. 제품이 셀 수 없이 많은 대기업들은 미래가 불분명하다고 판정된 제품에 대해서는 가차 없이 전체 부서를 정리해 버리기도 한다. 직원들도 많고 팀의 구성도 복잡한 대기업에서는 성과에 따른 정리 해고를 택하기보다는 깔끔하게 부서를 해체시키는 것이 더 효율적일 수 있다. 요즘같이 실리콘밸리의 고용 상태가 불안정할 때 이직을 생각한다면 이런 점도 고려를 해 봐야 한다.

예로 나와 함께 오랫동안 의료 분야에서 일하던 친구가 대기업이 야심 차게 의료 쪽으로 사업을 확장할 때 스카우트 제안을 받고 이직했다. 그 친구는 2년 동안 열심히 일했는데 어느 날 회사가 사업을 철수하는 바람에 전 부서가 정리 해고를 당했다. 물론 그 친구가 다른 곳으로 이직하는 게 어렵지는 않았지만, 열심히 일해서 좋은 성과를 내려고 꾸준히 노력한 친구에게 성과에 관계없이 무차별적으로 내려진 정리 해고가 야속한 것은 당연한 일이다. 이에 반해 스타트업은 대기업과 비교했을 때 성과가 좋은 직원들을 귀하게 여긴다. 그래서 스타트업에서는 어지간한 금전 문제가 아니면 제품이나 부서 전체 해고는 별로 찾아볼 수 없다.

스타트업을 선호하는 또 다른 이유로 빠른 성취감을 꼽을 수 있다. 스타트업에서 만드는 제품은 대기업의 것보다는 규모가 작아서 업무 진행 속도도 빠르고 그에 대한 개인적인 성취감도 자주 빨리 올 수밖에 없다. 내가 만드는 앱이 전 세계 모든 사람이 쓰는 앱이냐, 아니면 미국 의사들만 쓰는 앱이냐에 따라 개발 속도에 큰 차이가 나는 것은 당연하다. 그래서 스타트업에서는 기능이나 제품이 빨리 완성되고, 또 이에 참여했던 사람들은 회사 내에서 찬사를 빨리 받는다. 그리고 이런 기쁨과 성취감이 쌓여서 회사를 계속 다니는 원동력이 된다. 특별히 많은 지식이나 경험 없이 우선 일을 쉽게 시작할 수 있는 것도 큰 장점이 될 수 있고, 일부가 아닌 처음부터 끝까지 본인이 쓴 코드나 본인이 기획한 제품이 사용된다는 것도 대기업에서는 경험하기 힘든 일이다.

스타트업에서는 회사의 규모가 커짐에 따라 자연스레 새로운 기회도 많아진다. 회사 규모가 확장됨에 따라 본인이 원하면 다른 부서로 옮기거나 새로운 부서의 책임자가 될 가능성도 당연히 높아진다. 가령 마케팅부에서 일하던 직원이 홍보부가 생기면 홍보부 과장으로 옮겨 가는 경우다. 변화하는 환경에 잘 적응하고 여러 가지 일을 능동적으로 수행하는 사람들, 또 이런 분위기를 두려워하지 않고 즐기는 사람들이 스타트업에서 크게 성공할 수 있다. 스타트업에서는 '내가 할 수 있을까?'라는 고민보다는 '어떻게 해야 이 문제를 해결할 수 있을까?'라고 고민하는 사람들이 성공한다. 그리고 이런 사람들은 회사에 다니는 것이 즐거울 수밖에 없다.

경쟁하는 분위기를 싫어하는 사람들도 스타트업을 선호한다. 아무래도 스타트업은 대기업에 비해서 경쟁할 일이 적다. 우선은 스타트업의 본질이 계속해서 사업이 확장되고 제품이 다양해지는 경우가 많기 때문에 함께 열심히 일해서 성과가 좋으면 그만큼 새 자리도 많이 생기고 승진의 기회도 많아진다. 그래서 자연히 경쟁보다는 함께 열심히 일하는 분위기가 조성된다.

그 밖에도 스타트업의 장점은 많다. 요즘처럼 대기업들이 재택근무 대신 출퇴근을 요구할 때 재택근무를 허용하는 스타트업으로 눈길을 돌리는 사람들이 많다. 재택근무를 제외한다 해도 스타트업은 근무 시간이나 휴가 정책이 대기업보다는 좀 더 자유로운 편이다. 실리콘밸리의 많은 스타트업들이 제시하는 '무제한 휴가'가 좋은 예다. 물론 휴가에 제한이 없다고 해서 마음 놓고 몇 달간 휴가를 쓸 수 있는 것은 아니다. 그러나 꼭 필요한 일이나 중요한 일이 있다면 스타트업은 대기업에 비해 간소한 절차로 휴가를 조정하거나 좀 더 능동적으로 사용할 수 있는 경우가 많다.

또 다른 스타트업의 장점으로 전문화를 꼽을 수 있다. 본인이 관심 있는 분야에서 대기업들이 아직은 손을 뻗지 않았다면, 전문화된 스타트업이 훨씬 더 본인에게 의미 있는 곳이 될 수 있다. 예를 들어서 나와 함께 일하는 친구는 간호사 출신이라 의료 분야를 선호한다. 이렇게 본인의 관심 분야가 뚜렷하면 아무리 대기업들이 월급을 많이 준다고 해도 전문화된 업계에 남기를 선호한다.

실리콘밸리에서는 보통 한 회사에 머무는 기간을 2년 정도로 본다. 기술 업계에서 일반적으로 직원들이 새로운 기회나 도전을 찾아 직장을 이동하는 주기가 짧다는 것을 반영하기도 하지만 이곳의 지나친 인재 경쟁도 기여를 한다. 물론 여기서도 한 회사를 오래 다니는 사람도 있고, 1년 정도만 돼도 벌써 몸이 근질근질해서 다른 곳으로 가는 사람들도 많다. 가끔은 대기업을 다니다가 스타트업이 궁금해서 입사한 뒤 다시 대기업으로 돌아가는 경우도 있다. 이렇게 한번 다른 곳으로 갔다가 다시 돌아오는 사람들을 여기서는 '부메랑'이라고 부른다. 부메랑이 되어도 상관없다. 실력만 있으면 여러 가지 색깔을 맛보고 본인에게 맞는 곳을 찾는 것이 최고의 방법이다. 중요한 것은 여기서는 '대기업이 최고다'라는 생각은 하지 않는다는 것이다.

3

영어를 얼마나 잘해야 실리콘밸리에서 일할 수 있을까?

나처럼 한국에서 태어나서 공부하고 직장을 다니다가 실리콘밸리로 와서 취직을 하는 경우는 여기에서도 아주 흔한 편은 아니다. 그렇다고 실리콘밸리에서 일하는 사람들이 다 이곳 토박이들은 아니다. 이곳 사람들의 대다수는 미국 전역에서 직장 때문에 이주를 온 미국인들과 학교를 미국에서 마친 외국인들이다. 직업 분야가 전문화될수록 다양한 배경을 가지고 온 외국인들이 많다. 이것은 전문인들에게 기술 이민의 문이 더 열려 있기 때문이기도 하고, 또 전문 기술을 보유하고 있는 이들에게는 영어의 필요성이 다소 줄어들기 때문이다. 이 중에는 영어를 꽤 잘하는 사람들도 있는 반면, 발음과 억양을 알아듣기 힘든 사람들도 가끔 만난다.

이렇게 다소 영어가 익숙하지 않은 듯 보이는 사람들도 보통은 영어 글쓰기Written English는 전혀 일하는 데 문제가 없는 경우가 대부분이다. 이렇게 여러 가지 배경을 가진 전 세계의 많은 사람들이 실리콘밸리에 모여들기 때문에, 여기서는 다양한 수준의 영어 사용자들이 함께 일하고 살아간다. 그렇다면 실리콘밸리에서 일하려면 어느 정도의 영어 실력이 필요할까?

많은 분들이 엔지니어들은 다른 직종보다 언어의 장벽이 낮다고 생각한다. 틀린 말은 아니다. 세일즈, 마케팅이나 제품 매니저 등 여러 직군과 비교했을 때 엔지니어들의 영어 실력은 확연한 차이가 있다. 대부분의 엔지니어들은 고객을 만나거나 회사의 제품을 대외적으로 홍보하는 일이 거의 없기 때문에 영어를 완벽하게 구사해야 할 필요가 없다. 또 자발적으로 콘퍼런스 등에 참가하지 않는다면 남들 앞에서 발표를 하는 경우도 드물다. 물론 예외는 있다. 세일즈 엔지니어Sales Engineer나 서포트 엔지니어Support Engineer 같은 직종은 소비자나 거래하는 업체들과 끊임없는 대화와 협의가 필요하기 때문에 고급 영어가 필수다(이런 직종에 대해서는 뒤에서 다시 설명하겠다). 이런 특수한 몇 가지 직종을 제외하면 개발자나 그 밖의 여러 전문가들의 영어 실력이 그렇게 중요시되지는 않는다.

실제로 실리콘밸리에서 개발자로 취업을 준비한다면 면접을 위한 영어 준비는 그다지 어렵지 않다. 적당히 자신감을 갖고 한두 달 정도 집중적으로 연습한다면 한국에서 고등학교 때까지 배운 영어 실력 정도로도 충분히 면접은 통과할 수 있다. 나를 포함해서 많은 개발자 면접에 참여하는 면접관들이 면접 중에 하는 질문은 한정되어 있다. 자기소개, 이 회사에 지원한 이유, 경력에 관한 질문 등 보통 면접에서 물어보는 질문들은 폭이 그렇게 넓지 않다. 이 정도는 충분히 혼자서 연습해도 면접을 통과할 수 있다.

코딩이나 기술적인 면접은 보통 문제를 주어진 시간 동안 해결하는 방식인데, 문제를 이해하고 본인의 답안을 체계적으로 설명할 수 있는 정도를 요구한다. 물론 이에 앞서 본인의 기술 경력을 서술할 수 있어야 하고, 기술 사항에 대해 여러 가지 의견을 말하거나 토론하는 능력은 필수다. 경력직의 경우에는 시스템을 구축하는 일을 처음부터 끝까지 설명할 수 있거나, 어떻게 시스템을 조금 더 효율적으로 바꿀 수 있는지 또는 본인의 경험으로 어떤 방법이 제시된 문제에 적합한지 정도를 영어로 구사할 수 있어야 한다. 이런 기술적인 개념이나 방법을 영어로 설명하는 것이 어렵게 생각될지 몰라도, 보통 내 경험으로 볼 때 엔지니어들은 이런 쪽의 설명을 어렵지 않게 잘할 수 있다. 정규교육을 한국에서 마친 사람이라면 10

여 년간 배운 영어 실력으로 준비만 잘하면 이 정도는 충분히 대답할 수 있다. 다만 외국인과의 대화 자체가 생소하거나 외국에서의 면접에 익숙하지 않은 사람들은 이런 대화와 면접 문화에 익숙해지는 준비가 우선이다.

면접을 통과하고 일을 시작하면서 오히려 영어 때문에 고생하는 일이 종종 생긴다. 그래서 입사를 하고 난 후에도 영어 공부를 열심히 하는 사람들이 많다. 입사는 최소한의 영어 실력으로 가능할지 몰라도, 일을 시작하면 정확한 의사소통을 통해서만 주어진 일을 이해하고 다른 사람들과 협력해서 일할 수 있기 때문이다. 단지 문법적인 실수나 완벽한 발음, 고급스러운 표현 등은 신경 쓸 필요가 별로 없다는 말이다. 일을 하면서 회사의 분위기나 팀의 의사소통 방법을 익혀 나가고 계속 다양한 문화에서 일하는 방법을 배워야 한다.

엔지니어로서 자주는 아니지만, 제품 사양이라든가 기술 제안서 같은 문서 작업을 해야 할 때도 있다. 이런 작업은 단순히 서류를 작성하는 것이 아니라, 프로젝트가 제시한 사항들을 팀원들에게 알리고 적절한 권장 사항 등을 서술하는 일이다. 이는 두세 쪽 정도 되는 비공식적인 서류일 때가 대부분이지만 때로는 수십 페이지가 넘는 긴 기술서가 될 수도 있다. 이런 기술 문서들도 사실 고등학교 수준의 영어로 작성이 가능하다. 또 요즘 발전하는 자동 문서 작성기나 맞춤법 검사

프로그램 등을 이용하면 문법적인 오류뿐만 아니라 부드러운 문체로 전환하는 것도 가능하다.

아무래도 영어가 모국어가 아닌 사람들이 가장 힘들게 느끼는 것은 역시 토론이나 논쟁 중 자신의 의견을 제대로 전달하고 상대방과의 중간 점을 찾는 것이다. 그게 어느 정도 영어 수준이 되어야 하냐고 묻는 분들에게 나는 최소한 HBO 드라마 〈실리콘밸리 Silicon Valley〉를 자막 없이 볼 수 있을 정도는 돼야 한다고 말한다. 이 드라마를 추천하는 이유는 다른 드라마보다 스토리가 특별해서가 아니라, 시즌 1과 2가 실제로 실리콘밸리에서 스타트업들이 어떻게 시작하고 운영되는지를 나름 그럴싸하게 보여 주기 때문이다. 물론 미국 드라마나 영화를 자막 없이 알아듣는다고 해서 반드시 평소에 말을 그만큼 할 수 있는 것은 아니다. 특히 외국인과의 대화가 생소한 분들에게는 말하기가 듣기보다 더 어렵게 느껴질 수도 있지만, 최소한 남들이 하는 말의 70~80% 정도는 알아들어야 영어로 대화를 자연스럽게 하는 연습에 들어갈 수 있다.

외국인으로서 영어로 이력서를 제출하고 면접을 보는 것은 결코 쉬운 일은 아니다. 그나마 실리콘밸리에는 정말 다양한 배경의 사람들이 살고 일하고 있어서, 영어가 모국어가 아닌 사람들을 대하는 것이 전혀 낯설지 않다. 그래서 면접을 보는 동안 "다시 한번 말해 주세요", 또는 "이해가 안 되는데 다른 방식으로 설명을 해 주세요" 등의 요구는 절대 이상하거나 무리한 요구라고 여기지 않는다. 완벽하게 또는 자연스럽게 영어를 하는 것도 중요하지만 그보다 '의사를 분명하게 전달할 수 있느냐'를 중요하게 생각해서 그렇다.

언어의 장벽은 분명 존재한다. 하지만 넘을 수 없는 벽은 아니다. 혹시 한국에서 영어권 국가로의 진출을 꿈꾸고 있다면 여러 가지 방법을 통해 언어와 문화에 익숙해질 수 있다. 꼭 현지에 가서 많은 돈과 시간을 들여 어학연수를 하지 않아도 충분히 의사소통을 할 수 있는 정도의 수준까지 한국에서 준비할 수 있다. 요즘에는 인공지능을 통해서 외국인과 직접 대화하지 않아도 회화를 연습할 수 있고, 비싼 교재나 강의 없이도 손안에서 전 세계 사람들이 만들어 놓은 콘텐츠를 이용해 공부할 수 있다. 하려고만 하면 못 할 것이 없는 세상이다.

4

실리콘밸리에는
개발자만 있는 게
아니다

실리콘밸리에서의 취업이라고 하면 많은 분들이 개발자를 먼저 떠올리지만, 이곳에는 생각보다 다양한 직업군이 존재한다. 앱이나 게임, 인공지능을 만드는 회사들은 개발자뿐만 아니라 여러 분야의 전문가들이 모여 제품을 완성한다. 예를 들어, 앱을 만드는 데 있어서도 기능을 구현하는 것뿐만 아니라 앱의 작동을 보장하기 위해 다양한 업무가 필요하다. 앱이 원활하게 작동하는지 모니터링하고, 전문적인 테스트를 진행하며, 출시 후에는 사용자나 고객의 요구에 따라 서비스를 제공하고 제품을 업그레이드하는 일도 포함된다.

회사에 따라, 업종이나 규모에 따라 이런 업무를 담당하는 직책과 책임이 조금씩 다르다. 회사나 제품의 규모가 클수록 업무 분야가 세분화되기 때문에 더 다양하고 특수한 직책들이 생기기도 한다. 최근 몇 년 동안 소프트웨어 산업이 크게 발달하면서 직함이 늘어났고, 인공지능 분야의 성장으로 흥미로운 새 직종들도 많이 생겨나고 있다.

실리콘밸리 안에서도 다른 회사에 다니는 친구들에게 "그 직업은 뭐 하는 거야?"라고 묻는 경우가 종종 있다. 여기에 있으면서도 계속해서 새로 생기는 직종과 직함들을 따라잡기가 쉽지 않아서 그렇다. 또 회사마다 또는 분야마다 직종을 다르게 분리하고 해석하는 일과 책임도 다를 수 있다. "네 회사에서는 SRE Site Reliability Engineer가 그런 일을 해? 우리 회사에선 하는 일이 완전히 달라" 같은 대화를 여기서는 자주 한다.

한국에서도 실리콘밸리와 비슷하게 전문화된 직종들이 많이 생긴 것 같다. 굳이 IT 업계로 취업하거나 실리콘밸리로 이직을 생각하지 않더라도 이런 직종과 이들이 하는 일, 그리고 어떤 자격이 필요한지 알면 앱이 만들어지는 과정을 어느 정도 가늠할 수 있다.

Hardware Engineer(하드웨어 엔지니어)

실리콘밸리에서 우리에게 친숙한 회사들 중에는 애플, 구글, 테슬라와 요즘 뜨는 엔비디아 등이 하드웨어 엔지니어를 많이 뽑는다. 하드웨어와는 관계가 없을 것 같은 메타도

Reality Labs이라는 가상현실을 담당하는 부서 등에서 꾸준히 직원을 뽑는다. 이 분야는 컴퓨터, 전기, 기계공학을 전공해야 한다는 자격 요건이 대부분이다. 실리콘밸리에서는 하드웨어보다는 소프트웨어 엔지니어 숫자가 압도적으로 많기 때문에 상대적으로 하드웨어 엔지니어 쪽은 구인 공고가 많이 올라오지 않는 것처럼 느껴진다. 하지만 인공지능, 게임, 가상현실 등의 인기로 하드웨어 분야도 많은 투자가 이루어져 스타트업들이 최근에 많이 생겼고, 그에 따라 더 많은 일자리가 생길 것으로 예상된다. 최근까지 하드웨어 엔지니어에 대한 교육이 많지 않았으나, 요즘 들어 많은 대학교와 사설 기관들이 단기 교육 과정을 신설하면서 대학 졸업장 없이도 취업이 가능할 것으로 전망된다.

- **급여** HIGH / **자격 요건** HIGH

Software Engineer(소프트웨어 엔지니어)

줄여서 SWE로 실리콘밸리에서 가장 많이 주목되는 직업이 바로 소프트웨어 엔지니어들이다. 우리가 흔히 '개발자'라고 하는 사람들이 이 범주에 속한다. Web Developer(웹 개발자), 줄여서 Web Dev도 이들에 포함된다. 요즘은 꼭 컴퓨터 관련 전공자가 아니어도, 나처럼 부트캠프 등의 단기 개발자 교육을 통해서 SWE가 되는 경우가 많다. 회사에 따라 소프트웨어 엔지니어의 급여나 자격 요건은 다양하다.

특히 앱을 만드는 사람들은 프론트엔드Front End, 백엔드Back End, 풀스택Full Stack으로 나눠서 분류를 많이 한다. 프론트엔드는 주로 앱이 사용자와 직접 접촉하는 부분(클라이언트Client라고도 한다)을 말한다. 한마디로 웹사이트의 얼굴 같은 부분이다. 백엔드는 사용자들에게 직접 보이지는 않지만 데이터베이스나 앱 간의 데이터 소통API 등 서버에 관한 모든 것을 관리하고 구축하는 일이다. 요즘은 프론트엔드와 백엔드를 한꺼번에 다루는 풀스택이 업계에서 제일 많다. 다만 월급에는 큰 차이가 없다.

- **급여** MID-HIGH / **자격 요건** MID-HIGH

Mobile Developer(모바일 개발자)

요즘은 모바일 개발자들이 잘나가고 있다. 예전에는 앱이나 웹사이트를 개발할 때 PC용 프로그램을 먼저 만들고 나중에 모바일 앱을 개발하는 것이 일반적이었는데, 요즘은 사람들이 스마트폰으로 앱을 더 많이 내려받고 사용하다 보니 모바일 개발을 우선적으로 하는 추세다. 내가 다시 개발자 과정을 배운다면 모바일 개발을 배울 것 같다. PC 개발자보다 모바일 개발자가 급여도 약간 높고 앞으로도 더 많은 일자리가 생길 것이다. 모바일 개발자는 PC 개발자와 비슷한 경력을 요구한다. 요즘은 부트캠프가 많이 늘면서 부트캠프 졸업자들도 업계에 상당히 많다.

- **급여** MID-HIGH / **자격 요건** MID-HIGH

SRE(Site Reliability Engineer, 사이트 신뢰성 엔지니어)

SRE는 구글이 만든 직종으로, 한마디로 앱이 안정적으로 돌아가도록 총괄 관리하는 역할을 담당한다. 예전에는 구글처럼 대기업에만 존재했지만, 최근에는 스타트업에도 SRE들이 많이 있다. 앱의 안정성, 확장성 등을 담당하며, 앱에 문제가 생기면 비상 대응을 하는 소방관 같은 역할을 한다. 평소에는 비교적 여유롭게 보일 수 있지만, 앱이 고장 나지 않도록 밤새 대기해야 하거나 문제가 발생하면 가장 먼저 출동해야 한다.

SRE는 앱을 관리하는 여러 시스템을 구축하며, 요즘 업계에서 사용하는 장치나 프로그램들이 표준화되어 있어 이직도 용이하다. 부트캠프 같은 단기 과정을 밟은 사람들보다 컴퓨터 관련 전공자들이 많다. 기술의 범위가 넓고 회사마다 하는 일이 많이 달라서 학교나 부트캠프 등에서 관련 과정을 만들기가 어려운 편이다.

- **급여** HIGH / **자격 요건** HIGH

DevOps(데브옵스)

앱을 만들면 끝이 아니다. 앱이 돌아가기 위해선 관리해야 하는 일이 많다. 예전에는 이 직책 안에 SRE나 보안 전문 엔지니어가 모두 포함되었지만, 요즘은 분리된 경우가 많다. 회사마다 이들이 하는 일이 조금씩 다르지만, 데브옵스는 앱의 기능을 만들기보다 개발자들이 앱을 개발하기 위해 사용하는 인프라를 구축하거나, 새로운 기능이 앱에 소개되기까지의 전반적인 과정을 담당한다. 개발자보다 데브옵스 엔지니어들이 우리가 흔히 떠올리는 너드들이 많다. 데브옵스는 부트캠프 같은 교육을 받은 사람들보다 혼자 공부하거나 컴퓨터 관련 학과를 전공한 사람들의 비중이 높다. 전반적인 시스템에 관한 지식이 필요하기 때문에 컴퓨터 시스템을 잘 모르는 사람들이 쉽게 뛰어들기는 어려운 분야다. 또 다루어야 할 분야가 광범위해서 부트캠프 같은 단기 과정이 많지 않다.

- **급여** HIGH / **자격 요건** MID-HIGH

Security Engineer(보안 엔지니어)

최근 10년간 보안 전문가들은 기술 업계에서 점점 더 중요해지고 주목을 받는 직업군이 되었다. 불행히도 요즘 정리 해고를 감행하는 회사 중에 보안 전문가들을 해고시키거나 팀을 분산시키는 경우를 종종 본다. 앱은 계속 운영되어야 수익이 생기니 개발자들을 해고할 수는 없고 대신에 보안 전문가들을 줄이는 것이다. 그래도 이런 트렌드는 오래가지는 않을 전망이다. 해킹이나 소비자 정보 유출 사건 때문에 회사가 문을 닫을 만큼 보안은 이제 회사의 생존과 직결되어 있다는 의식이 여기서는 강하다. 그래서 앞으로도 이쪽 전문가들이 계속해서 많이 필요할 것이다. 보안도 여러 가지 분야가 있다. 코딩을 전혀 하지 않는 사람들도 있고, 보안 시스템 등을 구축하거나 보안에 관련된 부분들을 접목하기 위해 코딩을 하는 사람들도 있다. 그래서 어떤 쪽의 보안을 담당하느냐에 따라 교육이나 자격 요건이 크게 다르다. 요즘은 온라인 강좌나 부트캠프들도 이쪽 분야에 많이 신경 쓰고 있다.

- **급여** MID-HIGH / **자격 요건** MID-HIGH

QA Engineer(Quality Assurance Engineer, 품질 보증 엔지니어)

앱을 출시하기 전 스마트폰이나 태블릿, PC 등 여러 기기에서 앱이 제대로 작동하는지를 일반 소비자가 쓰는 것처럼 테스트하는 사람들이다. 이렇게 테스트를 여러 시나리오로 하다 보면 개발자가 보지 못한 허점이나 앱의 문제점을 다른 시각에서 찾아내기도 한다. 회사에 따라 코딩이 필요하지 않은 경우도 있고, 약간의 코딩 지식이 플러스 요인이 될 수도 있다. 그래서 회사마다 자격 요건이나 급여가 다양하다. 이 분야는 전문적인 지식이나 교육 없이 쉽게 IT 분야에 진입할 수 있는 직종이기 때문에 보통 특별한 요구 사항이 있지는 않다. 혹시 코딩을 배우고 싶지 않지만 IT 분야에 진입하고 싶은 분들은 이 분야를 고려해 보는 것이 좋다. 회사와 제품에 따라서 깃허브Github 등의 기본 지식을 요하기도 한다. 한번 업계에 들어오면 이직도 어렵지 않고 전문가로 인정받을 수도 있다.

- **급여** LOW-MID / **자격 요건** LOW-MID

Sales Engineer(세일즈 엔지니어)

특히 실리콘밸리에는 SAASSoftware-as-a-service, 즉 클라우드 컴퓨팅 서비스를 판매하는 회사들이 많아서 세일즈 엔지니어가 생각보다 많다. 이들은 일반 판매팀과 함께 고객의 회사에 가서 제품의 기술적인 면을 보여 주거나 기술적인 질문 등에 응대한다. 세일즈 엔지니어는 일반 개발자보다 돈도 많이 벌 수 있다. 보통 월급과 보너스를 함께 받기 때문에 잘나가는 제품을 파는 세일즈 엔지니어는 꽤 급여가 높다. 특별한 교육을 필요로 하는 것은 아니지만 고객을 항상 대하는 사람들이기 때문에 고급 영어가 필수이고, 사람들 앞에서 프레젠테이션을 하거나 여러 가지 질문에 응대해야 하기 때문에 기술적 이해력과 사람을 대하는 능력도 필수다. 여러 가지 시스템에 대한 이해력, 의사소통 능력이 탄탄한 사람들이 이 분야에서 두각을 나타낸다. 부트캠프 졸업자보다 대학에서 컴퓨터 관련 학과를 전공한 이들이 더 많은 편이다. 또 회사나 제품에 따라서 출장도 자주 간다.

- **급여** HIGH / **자격 요건** MID-HIGH

Customer Support Engineer(고객 지원 엔지니어)

세일즈 엔지니어가 제품을 판다면 이쪽은 기존 소비자들이 제품을 설치하거나 사용하는 것 등을 돕고 제품에 문제가 있을 때 고객을 도와주는 사람들이다. 이 분야로 입사하면 회사에서 제품에 대한 교육을 많이 시켜 주기 때문에 자격 요건으로 특별한 기술이 필요한 경우는 드물고, 기본적인 시스템에 대한 이해력 정도가 요구된다. 부트캠프를 졸업하거나 학교에서 컴퓨터 관련 학과를 졸업하고 바로 이쪽으로 취업하는 사례가 많다. 아무래도 개발자보다는 문턱이 낮아서 그렇기도 하고, 하루 종일 앉아서 코딩만 하는 것보다 사람들을 대하는 일이 적성에 맞는 사람들에게 이 분야가 인기 있다. 급여는 개발자의 70~80% 정도인데, 제품이나 회사에 따라 개발자 정도의 자격이 요구되는 경우에는 개발자만큼의 급여를 기대할 수 있다. 높은 기술력보다 사람들과 끊임없이 대화하고 문제를 해결하는 것을 좋아하는 사람들이 이 분야에서 성공한다.

- **급여** MID / **자격 요건** MID

UX/UI Designer(User eXperience/User Interface Designer, 사용자 경험/사용자 인터페이스 디자이너)

고객이 어떻게 우리 제품을 사용할지 연구하고 그에 맞추어서 앱의 전체적인 디자인을 구성하는 사람들이다. 잘나가는 사람들은 급여도 좋고 대우도 많이 받으며, 사용하는 소프트웨어들이 비슷해서 이직도 용이하다. 디자인 감각이 있는 사람들이 이쪽 분야로 공부해서 전환하는 경우도 많고 심리학이나 마케팅을 공부한 이들도 있다. 전문적인 UX/UI 공부를 했거나, 디자이너 또는 대학에서 이 분야를 공부한 사람들이 대부분이며 요즘엔 부트캠프 출신도 많다. 회사나 제품에 따라서 고객을 많이 접하기도 하고 설문이나 고객 제품 평가서 등을 구성하는 데 참여하기도 한다.

- **급여** MID-HIGH / **자격 요건** MID-HIGH

Product Designer(제품 디자이너)

디자이너라고 하면 미술이나 예술을 전공해야 한다고 생각하는데 꼭 그럴 필요는 없는 것 같다. 개발자 출신이면서 디자이너로 전환하는 사례도 많다. 회사에 따라서 코딩이 전혀 필요하지 않은 경우도 있지만 코딩을 할 수 있으면 훨씬 더 기회가 많다. 어느 회사나 디자인에 사용하는 소프트웨어들이 비슷하기 때문에 이직도 용이하다. 회사에서 필요한 디자인에 따라 어떤 곳은 전문적인 지식과 경험을 요구하기도 하고, 어떤 곳은 학력이나 경력과 상관없이 웹사이트를 만드는 기본적인 요소들과 이미지 등을 소프트웨어로 제작할 수 있다면 충분하기도 하다.

- **급여** MID-HIGH / **자격 요건** MID-HIGH

Data Engineer(데이터 엔지니어)

요즘 데이터 쪽에 관심을 갖는 사람도 많고 뽑는 회사들도 많다. 모든 결정이 데이터를 중심으로 이루어지기 때문에 데이터 쪽의 모든 분야가 요즘은 대세다. 특히 이 직종은 데이터를 좀 더 쉽게 또는 회사의 의도에 맞춰서 분석할 수 있도록 여러 가지 시스템을 구축하고 관리하는 역할을 한다. 이들은 데이터를 보기 편하게 해 주는 앱을 만들고, 복잡한 시스템과 데이터를 연결하는 파이프라인을 구축하고, 좀 더 쉽게 여러 데이터베이스를 접목시키는 시스템을 만든다. 회사마다 데이터를 활용하는 일이 다양하기 때문에 직무에 많은 차이가 있으나 보통 업계에서는 파이썬Python을 많이 사용하며 SQL 등 데이터를 다루는 능력을 기본적으로 요구한다. 요즘은 부트캠프 출신도 많다.

- **급여** HIGH / **자격 요건** MID-HIGH

Data Scientist/Analyst(데이터 과학자/분석가)

데이터를 분석해서 사용자의 의도나 시장의 흐름을 파악하거나 제품의 미래를 예측하는 일 등을 한다. 데이터는 많을수록 좋지만, 분석할 수 없는 데이터는 오히려 제품의 결정이나 경영에 혼란을 주기도 한다. 그래서 이들의 역할이 중요하다. 이들은 데이터를 분석할 뿐만 아니라, 사업에 도움이 될 수 있는 데이터를 수집하고 어떤 방법으로 분석해야 할지 고민하는 역할을 한다. 특히 데이터 과학자는 큰 그림의 데이터 모델을 구축하는 이들이며, 데이터 분석가는 다양한 방법으로 주어진 데이터를 분석하는 데 집중한다. 그러나 회사마다 직급과 역할이 조금씩 다를 수 있다. 수학, 과학 전공자뿐만 아니라 사회학이나 경제학을 공부한 이들도 많이 진출한다. 요즘은 부트캠프나 온라인 수업을 수강하고 전문가의 길로 들어오는 이들이 대부분이다. 참고로 온라인 교육 플랫폼 코세라 Coursera는 2024년에 가장 높은 연봉을 받을 수 있는 직업 교육으로 데이터 분석을 꼽았다.*

- **급여** MID-HIGH / **자격 요건** MID-HIGH

---

* https://www.coursera.org/articles/high-income-skills

ML Engineer(Machine Learning Engineer, 머신러닝 엔지니어)

요즘은 인공지능의 인기로 이 분야를 배우려는 사람들도 많고 이런 사람들을 찾는 곳도 많다. 머신러닝 엔지니어는 다양한 알고리즘을 사용하여 데이터 모델을 개발하고 이러한 모델을 훈련시키는 일을 한다. 데이터의 정리, 측량, 변형을 비롯해 이미지 인식, 자연어 처리, 음성 인식, 예측 등 머신러닝이 필요하지 않은 분야가 없을 정도다. 회사에 따라서 또는 회사의 제품에 따라서 다루는 데이터 모델의 크기나 복잡성이 천차만별이지만, 원리는 비슷해서 한번 이 분야에 발을 딛으면 앞으로 먹고살 걱정은 없어도 될 듯하다. 주로 데이터를 만지는 사람들이나 수학적 능력이 뛰어난 사람들 또는 전직 개발자들이 많고 의외로 경제학 전공자도 많다. 요즘은 이 분야도 부트캠프나 온라인 강좌가 많이 신설되어서 이쪽으로 공부를 하는 사람들에게는 선택의 폭이 많이 넓어졌다.

- **급여** HIGH / **자격 요건** HIGH

PM(Product/Program Manager, 제품/프로그램 매니저)

여기서는 줄여서 'PM'으로 많이 부른다. 제품 또는 프로그램 매니저들은 보통 제품의 기획부터 완성까지 모든 것을 관리한다. 한마디로 오케스트라의 지휘자 같은 사람들이다. 요즘에는 PM을 양성하는 부트캠프도 많다. 회사마다 찾는 인재상이 달라서 어떤 곳은 별다른 자격 요건이 없이 여러 분야에서 많은 경험을 해 본 사람을 원하기도 하고, 어떤 곳은 개발자 경력이나 데이터를 읽을 수 있는 정도의 기술을 요구하기도 한다. 면접을 보는 방법도 천차만별이다. PM으로 취직하고 싶다면 원하는 회사를 결정하고 그 회사가 요구하는 기술을 준비하는 것을 추천할 정도로 회사마다 자격 요건이 다양하다.

- **급여** MID-HIGH / **자격 요건** MID-HIGH

TPM(Technical Product Manager, 기술 제품 매니저)

거의가 전직 개발자 출신들이라고 봐야 한다. 또는 컴퓨터 관련 학과를 졸업하고 PM을 거쳐서 TPM이 되기도 한다. TPM은 제품의 기술에 관한 모든 것을 총괄 지휘한다. 모든 제품에 TPM이 필요한 것은 아니다. 그렇지만 제품이 전문화될수록 또는 기술적으로 복잡할수록 이 직종이 필요하다. 기술 기획서를 작성하거나 다른 팀과 의사소통을 원활히 해야 하기 때문에 고급 영어를 요구하기도 한다.

- **급여** HIGH / **자격 요건** HIGH

Account Manager(계정 관리자)

계정 관리자는 기업 내에서 주로 고객 관계를 총괄하고 유지하는 역할을 한다. 이들의 주요 임무는 고객의 요구와 기대를 이해하고 이를 바탕으로 제품을 지원하는 것이다. 회사 내에서는 엔지니어, 세일즈 엔지니어, 제품 매니저들과 항상 대화해야 하고, 회사를 대표해서 고객과 대화를 하는 사람들이기 때문에 고급 영어가 필수다. 보통 특별한 기술보다는 마케팅이나 경영을 공부한 사람들이 많다. 아주 전문적인 제품을 관리하는 사람들 중에는 전직 개발자나 다른 종류의 기술직인 경우도 있으나 이런 정도의 기술을 요하는 경우는 드물다. 아무래도 고객과 회사 사이에서 협상과 문제 해결을 돕는 일을 하기 때문에 특별한 기술보다는 조직력, 서비스 정신 등이 요구되며 이직도 용이하다. 역시 코딩은 관심 없지만 IT 분야로 진입하고 싶은 이들은 주목할 만한 직종이다.

- **급여** MID / **자격 요건** MID

Developer Advocate(개발자 대변인)

다른 말로 Developer Relations(개발자 관계), 줄여서 DevRel이라고도 한다. 보통 회사나 제품 또는 서비스의 개발자 커뮤니티와 협력하고 지원하는 역할을 수행하는 직종이다. 보통 규모가 좀 있는 회사에만 있다. 개발자들과 소통하며 제품 또는 서비스의 혜택 및 사용법을 설명하고 개발자들의 의견을 수렴하는 역할을 한다. 실리콘밸리에서는 콘퍼런스나 개발자들을 위한 행사에 가면 이런 사람들을 주로 보는데, 보통 이벤트나 모임 등을 조직하고 진행하는 경우가 많다. 기술에 대한 지식이나 다양한 기술 경험이 어느 정도 요구되기 때문에, 발이 넓고 사람들과 어울리기 좋아하는 사람들이 이 직종에 딱이다.

- **급여** MID / **자격 요건** MID

Technical Writer(기술 작가)

기술 작가 또는 기술서 작성자들은 복잡한 기술, 제품 및 서비스를 쉽게 이해하고 사용할 수 있도록 돕는 자료를 작성하는 사람들이다. 실리콘밸리에서는 이런 사람들이 많은 편은 아니지만 대기업에는 적지 않게 있다. 회사나 제품에 따라서 API 정도를 구축하는 일을 하기도 하며, 이럴 때 코딩을 이해하는 능력이 요구될 수도 있다. 보통 코딩은 필요로 하지 않고, 제품에 따라서 기술적인 면을 좀 알아야 하는 경우도 있지만 코딩을 하지 않는 문과 출신이 이 직업을 택하는 경우가 많다.

- **급여** MID / **자격 요건** MID

이 밖에도 요즘에는 인공지능 쪽에 새로운 직종이 많이 생겼다. 자연어 처리 Natural Language Processing, NLP를 기반으로 사람들과 좀 더 자연스러운 대화를 할 수 있는 인공지능을 개발하는 대화형 인공지능 엔지니어Conversational AI Engineer, 프롬프트 엔지니어Prompt Engineer, 자연어 처리 엔지니어NLP Engineer Engineer 또는 전체적인 인공지능 시스템을 구축하는 인공지능 시스템 구축가AI Systems Architect 등이 대표적인 예다.

5

매니저와 디렉터는 뭐가 어떻게 다른 거지?

'왜 이 회사에는 실력 없고 쓸모없는 관리자들이 많은 걸까?' 회사 생활하면서 이런 생각을 한 번쯤 안 해 본 사람이 없을 것이다. 직장인들 두세 명이 모이면 제일 많이 하는 것이 이런 실력 없는 관리자들 험담이 아닐까 싶다.

동서고금과 시대를 초월해 쓸모없는 관리자는 조직 어디에나 있는 모양이다. 피터의 원칙 Peter Principle 은 이러한 현상을 잘 설명한다. 이 원리를 쉽게 설명하면 이렇다. 조직에서는 가장 성과가 좋은 사람을 관리자로 승진시키는 경향이 있는데, 승진된 사람은 자신의 전문 분야에서 더 이상 일하지 않고 완전히 다른 관리직 역할을 수행하게 된다. 이로 인해 조직 전체의 성과가 떨어지고, 해당 개인 역시 자신이 잘할 수 있는 일을 할 기회를 잃게 된다는 것이다. 이 원칙이 정립된 것은 1969년인데 지금도 조직 경영을 논의할 때 언급되기도 한다.

실리콘밸리는 다르다. 여기서는 개발자로 일을 잘하는 사람을 관리자로 승진시키지 않는다. 개발자로 남고 싶은 이들은 계속 개발자로서 진급 단계를 밟고 관리자의 길로 가기를 원하면 관리자로 전환한다. 그래서 보통 경력직으로 입사를 하거나 약 5~10년 정도의 경력이 생기면 본인이 계속 개발자로 남을 것인지 아니면 관리자의 길을 갈 것인지를 결정한다. 관리자가 된다고 해서 돈을 더 받거나 더 좋은 대우를 받는 것도 아니다. 높은 직급의 개발자들은 팀이나 제품에 대한 영향력도 크고 월급도 많이 받는다. 매니저의 역할은 자신이 맡은 직원들이 더 좋은 성과를 내도록 도와주고 그들을 지원해 주는 일이라는 의식이 강하다. 그래서 지금 자신의 일에 만족하는 개발자들은 전혀 거리낌 없이 개발자로 남는다. 다음은 이곳에서 흔히 볼 수 있는 직급의 종류다.

Junior/Associate

예전에는 Junior라는 말을 많이 썼지만 요즘은 Associate이라는 말을 쓰는 것이 유행이다. 보통 초급 경력자를 지칭한다. 처음 대학교를 졸업하고 입사하거나 부트캠프 졸업자, 또는 3년 이하의 경력자들이 보통 이 단계에서 시작한다. 구글,

메타처럼 숫자로 분류하는 회사에서는 보통 레벨 3 정도라고 보면 된다.

Mid Level

초급을 벗어난 중급 정도의 경력을 가지고 있는 사람들이다. 아무래도 조직에서 가장 많이 볼 수 있는 직급이다. 대기업에서는 보통 레벨 4~5 정도라고 생각하면 된다. 경력 5년 이하의 경력자들이 대부분이다.

Senior

여기서부터 우리가 보통 경력직이라고 여긴다. 보통 5년 이상의 경력자는 이 단계로 입사를 한다. 숫자를 쓰는 회사에서는 레벨 5~6 정도라고 보면 된다. 이 단계에서 보통 계속 개발자로 남을 것인지 아니면 관리자가 될 것인지를 결정한다.

Tech Lead

Tech Lead는 사실 공식적인 직책으로 여겨지지는 않는다. 보통 팀에서 가장 많은 역할과 책임이 주어지는 자리지만 가장 기술적으로 뛰어난 사람에게 돌아갈 수도 있고 중급에서 더 높은 자리로 이동할 때의 관문으로 사용하는 곳도 있다. 예를 들어서 Senior에서 Staff로 진급하기 위해 얼마간 맡는 식이다. 보통 Tech Lead가 되면 이력서 등에 쓸 만큼 자랑스러운 일이긴 하지만 어디까지나 비공식적인 직책이기 때문에 월급을 더 받지는 않을 수도 있다.

Staff

Staff 정도 되려면 경력이 10년 이상이거나 아주 뛰어난 기술적인 능력이 요구된다. 월급도 Senior에 비하면 월등히 높다. 회사마다 다르지만 보통 전체 엔지니어 중 5~7% 정도가 Staff가 된다.

Principle

어떤 회사는 Staff가 없고 바로 Principle로 가기도 한다. 보통 기술직 분야에서 많이 쓰는 용어다. 그런데 요즘 실리콘밸리에서는 이 직책도 예전보다는 많이 흔해졌다. 보통 엔지니어 중 상위 3~5% 미만이 Principle까지 올라간다. 회사마다 비율은 조금 다를 수 있다.

Manager

사람들을 관리하는 직책의 입문 단계다. Manager는 어느 부서에나 있지만 실리콘밸리에서는 엔지니어 매니저를 EM으로 줄여서 많이 부른다. 대기업들은 EM1, EM2와 같은 식으로 숫자를 사용해서 급을 정한다.

Director

Manager에서 한 단계 높은 자리다. 엔지니어뿐만 아니라 어느 부서에서나 있는 자리고, 보통 부서에서 가장 큰 결정권이 있는 사람이다. 이들은 보통 Manager들을 관리하고 부서의 핵심적인 사항을 결정한다.

CTO(Chief Technology Officer)

기술 연구 부서의 최고 관리자이다. 보통 모든 기술에 관련된 연구 개발 총책임자라고 생각하면 된다.

대기업들은 이런 모든 직급이 대부분 있지만, 작은 스타트업은 이런 직급이 다 존재하지 않는 경우가 많다. 또 회사에 따라서 직책을 완전히 없애 버린 곳도 있다. 이런 형태는 평평한Flat 또는 수평적인Horizontal 구조라고 하고 별다른 직책 없이 연봉만 다르게 조직을 구성하는 경우다.

Chapter 2

입사 성공,
오늘부터
두근두근 첫 출근

1

여기서 사만다가
샘으로 불리는
이유

한국에서도 그렇지만 미국에서도 여성 엔지니어는 별로 많지 않다. 2021년 지피아 Zippia라는 전문 인력 관리 회사의 통계에 의하면 미국 전체 엔지니어 중 14%가 여성•으로 집계되었다. 특히 유색인종 여성 개발자는 그 비율이 더 낮다. 최근 몇 년간 미국의 대학교들이나 부트캠프 같은 교육 단체들이 STEM Science, Technology, Engineering and Mathematics 즉 과학, 기술, 공학, 수학 쪽으로 여성들을 많이 유입시키려 노력은 하고 있지만, 이런 인력들이 실제로 실리콘밸리에 영입되기까지는 몇 년 정도 더 시간이 걸릴 것으로 예상된다. 그러나 내가 느

• https://www.zippia.com/engineer-jobs/demographics/

끼기에도 실리콘밸리에서 일하는 여성의 숫자는 점점 늘어나고 있다. 내가 처음 면접을 보러 다녔던 2015년쯤에는 성별 불균형 현상이 더 심했다. 면접을 보러 간 거의 모든 스타트업에서 여성 엔지니어는 찾기가 힘들었고 중급 기업(500명 이상)에서도 면접관으로 참여하는 여성 엔지니어를 만나기가 힘들었다. 면접을 보고 나서는 "만약 당신이 면접을 통과하면, 우리 회사의 첫 여성 엔지니어가 되는 것입니다"라는 말을 종종 들었다.

어느 단체에서든 소수가 되면 무엇을 하던 남들에게 많은 관심을 받게 된다. 얼핏 보기에는 좋은 일로 받아들여질 수 있지만 그중에는 자연히 원치 않는 관심도 포함될 수밖에 없다. 회사가 또는 팀이 다양성을 존중하는 문화가 없으면 일을 할 때 불편하고 눈치를 봐야 하는 경우도 많아진다. 이런 곳에서는 소속감보다는 소외감이 더 많이 들 수도 있다. 그래서 실리콘밸리에서 여성 엔지니어들은 입사를 결정하는 중요한 조건으로 조직의 다양성 문화를 꼽는다. 실제로 나도 몇 년간 면접관으로 여러 여성 지원자를 만나면서 가장 많이 받은 질문들이 다양성에 관한 것이었다. "얼마나 많은 여성 엔지니어가 회사에 있는가?", "보통 여성 엔지니어들이 회사에 다니는 기간은?", "여성 관리자 비율은 얼마인가?", "육아 휴직 등의 육아 관련 제도가 있는가?" 등이 대표적인 질문들이다.

실리콘밸리에서 경력이 많거나 대기업에 다닌 적이 있는 여성 지원자들은 회사에서 다양성에 대한 노력을 하고 있는지 묻고, 이런 다양성을 입증하는 자료나 보고서가 있으면 보내 달라고 요청하기도 한다. 실제로 몇몇의 여성 엔지니어들은 면접을 통과한 후 회사에 여성 관리자 비율이 적다는 등의 이유로 입사를 정중히 거절하기도 했다. 이런 일들은 다양성을 존중하는 분위기가 많이 자리를 잡아서 가능한 일이다. 최근에는 실리콘밸리 안에서도 다양성이 지나치게 강조되고 있다고 비판하는 이도 적지 않다. 오히려 여성이나 유색인종이 백인 남성보다 취업에 더 유리하다고 주장하는 이들도 종종 본다. 그러나 이곳의 다수는 회사 내 다양성에 대한 노력들을 지지하는 편이다.

내가 남들과 다르다는 게 꼭 부정적인 것만은 아니다. 남자들이 많은 엔지니어들의 세계에서 상대적으로 소수인 여성 엔지니어로 들어왔다는 것은 한 번이라도 더 관심을 받을 수 있는 기회이자, 어떤 의미에서는 나를 더 돋보이게 하는 힘이 될 수도 있다. 그러나 반대로 조금이라도 실수를 하거나 거슬리는 일을 하면 "여자라서…"라는 말을 들을까 봐 걱정이 되는 것도 사실이다. 그래서 여성 엔지니어들 사이에서는 자신의 성별을 알 수 없게 알렉산드리아Alexandria를 알렉스Alex로, 사만다Samantha를 샘Sam으로 바꾸는 것처럼 이름을 중성으로 바꾸거나 이름 대신에 성만 사용하는 이들도 많다. 특히 오픈 소스*에 코드를 쓰거나 대외 블로그 등을 통해 기술적인 내용을 서술할 때는 이런 현상이 자주 나타난다. 코드의 질보다 코드를 쓴 사람이 더 관심을 받는 것을 우려해서 그렇다. 여성 엔지니어가 쓴 코드는 코드 심사 때 부정적인 리뷰를 더 많이 받거나 코드 통관 심사가 더디다**는 것은 이미 업계에서는 여러 번 보고가 된 현상이다.

  이런 성별에 관련된 부정적인 편견들을 줄이고 궁극적으로 직원들 사이의 불균형을 맞추고자 실리콘밸리에서는 지속적으로 여성이나 LGBTQ(성소수자)들을 채용하려는 정책을 여러 해 동안 장려해 오고 있었다. 지금은 대량의 정리 해고 여파로 신입 사원을 많이 선발하지는 않지만 많은 회사들이 같은 스펙이면 여자, 같은 스펙이면 백인 대신에 유색인종, 그중에서도 흑인과 히스패닉 그리고 성소수자들을 우선 고용하는 정책이 공식화되어 있거나 소수자의 비율을 높이는 것을 목표로 하는 곳이 많다.

  가끔 이렇게 들어온 '다른' 즉 소수자인 직원들이 조금이라도 실수를 하거나 기대에 미치지 않을 때 "저 직원은 여자라

---

* 소프트웨어의 소스 코드(프로그램의 내부 코드)가 공개되어 있고, 이를 누구나 열람, 수정, 개선하고 재배포할 수 있는 형태. 보통 특정한 라이선스 아래 공개된 코드.
** https://techcrunch.com/2017/05/02/facebook-gender-bias-engineering/

서 또는 유색인종이라서 실력과 상관없이 입사했다"라는 말을 듣는 경우가 있다. 이런 발언이나 생각들은 회사가 인재 채용 시 개인의 실력과 상관없이 다양성의 비율을 맞추기 위해 상징적인 토큰Token처럼 소수자를 채용했다는 일명 토크니즘 Tokenism을 바탕으로 한 것이다.

보통 이렇게 소수자로 조직에 들어가면 처음에는 '나도 이런 토큰이 아닐까?'라는 생각을 많이 하게 된다. 그래서 많은 여성 엔지니어들 중 다수는 될 수 있으면 눈에 띄지 않으려고 노력을 많이 한다. 출근할 때 다른 남자 직원들처럼 청바지에 후드티만 입는 것은 당연하고, 굳이 남자들과 다른 관점을 이야기하기보다는 비슷한 의견을 내고 항상 다수의 의사를 따라가느라 애를 쓴다는 이야기를 자주 듣는다. 이런 자신의 언어, 문화 또는 가치관을 자기가 속한 곳의 다수에 맞춰서 바꾸는 행동을 코드 스위칭Code Switching이라고 한다. 자신이 속한 집단에 소속감을 느끼기 위해 본인을 바꾸려는 노력은 여성 엔지니어들뿐 아니라 소수자들에게 자주 있는 현상이다. 여기서 당당하게 남자들과 동등하게 일하는 것처럼 보이는 여성들 중에도, 대화를 하다 보면 까탈스럽고 자기주장만 한다는 평판을 들으며 성공하는 것보다 남들과 맞춰서 조화롭게 일하는 편이 더 낫다고 말하는 사람들이 많다.

"화장을 평소보다 더 공들여서 하고 나간 날 하필이면 내가 쓴 코드에 오류가 생기자 동료 남자 직원이 화장할 시간에 테스트나 더 하라고 농담 아닌 농담을 했다"는 한 여성 엔지니어의 경험담은 아침 출근 때마다 내가 민낯을 선택하는 원동력이 된다. 본인의 색을 제대로 낼 수 없는 것도 소수자에게 슬픈 일이지만, 대개 소수자가 성공하려면 다른 사람들보다 더 열심히 일하고 실력을 인정받아야 하는 것을 당연한 일로 받아들인다. 실리콘밸리도 예외는 아니다. 성공한 여성 최고경영자나 엔지니어들은 그와 대등한 직함의 남자들보다 더 나은 성과를 내야 한다고 믿는 경우가 대다수•다.

이런 경향은 실리콘밸리 밖에 나가면 물론 더 뚜렷이 나타난다. 실리콘밸리 회사들은 전 세계의 어디와 비교해 봐도 다양성을 중시하고 최대한 활용하려고 노력하고 있는 곳임은 내 경험에 비추어 봐도 확실하다. 한 가지 내가 생각할 때 실리콘밸리가 다양성을 더 잘 활용하는 이유는 모두가 이렇게 하는 것이 '옳은 일'이라서가 아니라 '성취해야 하는 일'이라고 여기기 때문이다. 여기서 만들어지는 제품들이 대부분 전 세계의 다양한 사용자를 대상으로 하기 때문에 다양성을 고려해야 한다는 것을 오랜 경험을 통해 배운 것이다. 조직의 경영도 마찬가지다. 비슷한 사람들끼리 모여서 일하는 것

• https://www.frontiersin.org/articles/10.3389/fpsyg.2019.00755/full

보다 다양한 사람들이 함께 어울려서 일하는 것이 팀의 전체적인 성과에서도 더 뛰어난 결과를 보인다.* 나도 처음부터 다양성의 힘을 믿었던 사람은 아니다. 그런데 나의 이런 관점을 바꾸는 일화가 있었다.

입사한 지 한 1년쯤 지났을 때였다. 15명쯤 되는 팀에서 일하고 있었는데 그중 여자는 나를 포함해서 총 3명이었다. 회의 중에 이번에 새로 사용자에게 보낼 이메일을 검토하고 있었다. 그런데 내가 보기엔 이메일 내용이 너무 딱딱하고 친근해 보이지 않았다. 그러나 별로 중요하게 생각하지 않고 조용히 회의가 끝나기를 기다리고 있었다. 그런데 중간에 여성 데이터 애널리스트가 한마디 했다.

데이터 애널리스트 이메일 문구가 너무 딱딱하고 약간 공격적으로 느껴집니다.

제품 매니저 여태껏 우리가 보냈던 이메일과 거의 비슷합니다. 우리 사용자들은 나이 많은 남자들이 많아서 이런 어투에 더 반응합니다.

데이터 애널리스트 여성 사용자들은 어떤가요? 여성이나 젊

* https://insight.kellogg.northwestern.edu/article/gender-diversity-successful-teams

은 사용자들은 이런 이메일을 받으면 몇 % 정도가 클릭을 하죠?

제품 매니저 데이터를 나이나 성별로 나눠서 분석해 보지는 않았습니다. 제 생각에는 별 차이 없을 것 같은데요.

이 정도까지 대화가 오가고 나서 내가 회의실을 둘러봤을 때 대부분의 사람들이 회의가 지체되어 불만인 것 같았다. '예전 이메일이랑 비슷하다는데 왜 데이터 애널리스트가 이메일 내용 가지고 말이 많아?'라고 생각하는 사람들이 많아 보였다. 그런데 나에게는 이 발언이 크게 다가왔다. 다양한 사람들을 뽑아도 그들이 제대로 자신의 생각을 표현하지 않으면 결국은 다양성의 의미가 없어지겠다는 생각이 들자 나도 한마디 거들었다. "제가 생각해도 이메일이 너무 딱딱하고 공격적이네요"라고 내가 공감하자, 다른 여성 프로젝트 매니저도 이메일의 전체 내용을 다시 한번 검토할 필요가 있다고 덧붙였다. 그래서 지난번에 보냈던 이메일의 반응을 다각적으로 검토해 보고 필요하면 내용을 다시 보강하자고 결론을 내렸다.

꼭 이 일 때문은 아니었겠지만, 이때쯤부터 회사에서는 우리가 보내는 여러 가지 이메일이나 웹페이지를 다른 관점에서 분석하고 테스트하기 시작했다. 딱딱하고 어려운 말투에서 조금 더 부드럽고 권유적으로 바뀐 이메일도 많아졌고, 웹

페이지도 과거보다 조금 친숙한 언어로 바뀐 곳이 많아졌다. 앱의 디자인도 마찬가지다. 부드러운 곡선이나 따뜻한 색감을 사용하는 페이지가 늘었다.

물론 이렇게 쓰여진 이메일 또는 앱이 항상 더 성공적인 결과를 내는 것은 아니다. 때로는 간결하고 권위적인 문체가 이용자들의 마음을 움직일 때도 많다. 그러나 우리가 배운 것은 이런 시도를 하면서 여태까지 소수라고 별로 관심을 두지 않던 사용자들의 마음을 끌어들이거나, 여러 다른 제품들의 개발 가능성도 함께 높일 수 있다는 것이다. 예를 들어 우리 앱의 사용자 중에 나이 많은 백인 남성이 많다고 그 사람들만 공략하다가, 여성 또는 유색인종의 젊은 사용자들에게 좀 더 다가가는 캠페인을 하다 보니 자연스럽게 다른 분야의 제품을 개발할 가능성도 보게 된 것이다.

우리는 다양성을 오해하고 그 진정한 힘을 과소평가해 온 것이 사실이다. 요즘처럼 다양성이 어디서나 중시되는 사회 분위기 속에서 이런 이야기는 고리타분하게 들릴 수도 있겠다. 그러나 아직도 많은 조직에서 다양성을 잘 활용하지 못하고 또 어떻게 이것을 조직의 성과를 위해 사용할 수 있는지 잘 모르는 듯하다. 다양한 사람들을 뽑으려고 노력하고, 같이 일하려고 하는 이유는 이렇게 하는 것이 '바람직한 일'이라서가 아니라는 사실을 명심해야 한다. 이것은 제품을 다각적으로 성공시키기 위한 어쩔 수 없는 선택이다. 또 다양한 사람들과 함께 일을 하다 보면, 내가 또는 나와 비슷한 사람들만이 고안해 내는 방식으로만 문제를 해결하는 것이 아니라 여러 가지 다른 시도를 통해 문제를 분석하고 해결점을 찾을 수 있다. 이런 이해가 바탕이 되면 소수 인종이나 전혀 다른 배경을 가지고 입사한 사람들이 귀하게 느껴질 수밖에 없다. 이 사람들이 제품을 더 여러 사용자들에게 다가가게 만들고 성숙하게 만드는 비밀 무기가 될 수 있다.

물론 소수 집단이 있다는 것만으로 다양성이 자동적으로 조직에 생기는 것은 아니다. 다양한 의견들을 진심으로 받을 준비가 되지 않은 곳에서 소수자가 생각을 전달하기는 어렵다. 소수 집단을 채용하는 돈과 시간이 아까워서라도 이런 조직 내 분위기를 만드는 것이 중요하다. 또 채용된 개인은 처음에는 어색하고 남들의 눈치도 보이지만 계속해서 다른 생각을 나누는 시도를 하는 것이 중요하다. 여러 각도로 문제를 생각하는 것이 중요하다는 인식을 조금씩이라도 다른 사람들이 느끼도록 노력해야 한다.

다양성을 중시하는 분위기는 조직에 속한 모두가 참여해야 만들 수 있지만, 특히 회사 내에 영향력이 있는 사람들의 노력이 절실히 필요하다. 다양성이 중요하다고 최고 경영자가 아무리 강조하고 유명한 강사를 모셔 와 연중 이벤트처럼 '다양성 훈련'을 시켜도, 회의 때 누가 조금 틀에 벗어난 제안을 할 때 그냥 시키는 대로만 하라고 지시한다면 돈과 시간만 낭비하는 일이다.

회사에서 더 오래 일할수록 또 자리가 높을수록 본질적인 질문을 많이 하고 다소 엉뚱한 아이디어를 내는 사람들을 다독이면 사람들은 이런 것을 금방 배우고 따라 한다. 이런 회사 분위기를 만들면 자연스럽게 다양한 아이디어도 나오고 많은 사람들이 회의 시간을 기다리게 된다. 또 이런 문화가 자리 잡으면 자연스럽게 제품을 진화시키고 능동적으로 변화시키는 일도 조금 더 쉬워진다. 이것이 다양성의 힘이자 실리콘밸리가 가진 가장 큰 힘이다. 이런 힘이 없는 한 다양한 사람들의 마음을 움직이는 좋은 제품을 만들 수가 없다.

2

실리콘밸리는 지금도 재택근무가 대세?

2023년 여름까지만 해도 누가 나에게 실리콘밸리 재택 문화가 계속될 것 같냐고 물어보면, 내 대답은 100% 그렇다고 했을 것이다. 지금은 생각이 좀 다르다. 그래도 실리콘밸리가 코로나19 이전처럼 주 5일 오전 9시 출근, 오후 5시 퇴근하는 문화로 돌아가지는 않을 것 같다. 2023년 후반부터 실리콘밸리는 대기업들을 중심으로 일주일에 3일 정도 출퇴근을 요구하는 '하이브리드형'으로 돌아선 곳이 많다. 아무래도 대기업들을 따라서 중급 기업들도 거기에 동참할 태세다. 여기서 하이브리드형이란 회사에서 일정한 기간이나 최소한의 날짜를 정하고 직원들에게 출근을 요구하는 형태다. 한 주에 2번 또는 3번으로 출근 횟수를 정해 놓은 곳도 있고 한 달에 12번 정도인 곳도 있다. 초반에는 권고 사항으로 시작해서 현재는 회사가 강력하게 출근을 요구하는 상황으로 바뀐 곳이 대다수다. 어떤 회사는 날짜를 지정하고 이날부터는 무조건 출근을 감행하고, 동참하지 않는 직원들에게는 퇴사나 큰 폭의 감봉 또는 진급 누락 처리하겠다고 엄포를 놓은 곳도 있다.

흥미롭게도 이런 대기업들의 확고한 출근 정책이 많은 스타트업 또는 지금 도약을 꿈꾸는 중소기업들에게 인재 등용의 기회로 여겨지기 시작했다. 대기업 직원들 중 출퇴근 정책에 반대하는 사람들이 꽤 많기 때문이다. 아직 실리콘밸리에는 재택근무를 유지하는 중소 규모의 회사들이 많고 그중에는 우리에게 친숙한 기업들도 많으니 재택근무를 원하는 대기업 직원들은 이직을 고려하기 시작했다. 예전 같으면 작은 회사는 생각도 안 할 대기업 직원들의 재택근무 선호 경향은 실리콘밸리 전반에 걸쳐서 지식의 나눔과, 인재의 재배치라는 흥미로운 결과를 불러왔다. 실제로 내 주위에서도 대기업에 근무하다가 코로나19가 터지고 재택근무의 기회가 오자 실리콘밸리를 떠나 다른 지역으로 이사를 간 친구들이 많다. 그러다가 3~4년이 지나고 회사에서 다시 실리콘밸리 사무실로 출근하라고 해도, 이미 새로운 지역에서 자리 잡고 아이들이 학교도 다니기 시작했는데 돌아오는 것이 쉬울 리가 없다. 그래서 회사와 절충안을 찾으려 노력 중이거나 재택근무가 가능한 새 일자리를 찾는 친구들이 많다.

물론 재택근무를 모든 사람들이 다 원하는 것은 아니다. 재택근무가 사라지는 것이 오히려 다행이라고 생각하는 사람들도 없지 않아 있다. 특히 이제 사회생활에 뛰어든 젊은이들이 이런 정책을 환영하는 편이다. 아무래도 첫 직장 생활을 집에서 원격으로만 하던 이들에게 사람 얼굴이라도 볼 수 있는 사무실로 돌아오라는 요청은 그들에게는 반가울 수밖에 없다. 내가 아는 한 친구는 미국에서 코로나19가 시작됐던 2021년 초에 학교를 졸업하고, 입사 지원부터 면접 그리고 첫 2년을 동료 직원 단 한 사람도 못 만난 채 저 멀리 애틀랜타에서 일하고 있었다. 그 친구는 실리콘밸리 회사에서 일하고 있어도 굳이 집값이 비싼 실리콘밸리에 올 필요가 없으니 부모님 집에서 계속 살고 있었는데, 회사에서 출근하라는 권고가 떨어지자마자 짐을 싸 들고 샌프란시스코로 이사했다. 그리고 이제 출근을 하니 그 친구는 진짜 사회인이 된 것 같다며 여간 기뻐하는 게 아니었다.

또 한 가지 사람들이 출근을 반가워하는 이유로 고용 안정성Job Security을 꼽는 사람들도 있다. 보통 재택근무를 허용하는 회사는 직원이 생활비가 저렴한 지역에 살고 있으면, 실리콘밸리에서 주는 만큼의 연봉을 주지 않아도 되기 때문에 비용 절감의 효과를 봤다. 그 말은 재택근무가 계속되면 실리콘밸리에서도 조금 싼 인력을 찾아 다른 지역이나 외국, 특히 가까운 캐나다나 조금 멀리 브라질 또는 인도까지 고용을 넓힐 수 있다는 이야기이다. 실제로도 실리콘밸리의 여러 회사들이 이런 시도를 코로나19 전부터 하고 있었다. 이런 외국 직원들은 보통 계약직으로 채용된다. 그러나 법적인 복잡함이나 특히 보안 문제 때문에 이런 식의 채용은 그렇게 흔한 편은 아니었다. 그러나 재택근무가 계속 활성화되면서 실리콘밸리 안에서도 혹시 이런 계약직이 늘어나거나 이런 고용의 형태가 실리콘밸리 내의 임금 협상에 부정적인 영향을 끼치는 것이 아닌가 하는 우려의 목소리가 늘었다. 이런 걱정을 하던 사람들에게 다시 출근을 장려하는 문화는 반가운 소식이 될 수 있다.

나는 운이 좋게 아직도 재택근무 중이다. 작년에는 이 기회를 통해 6개월간 캘리포니아를 떠돌면서 디지털 유목민 생활을 했었다. 살던 샌프란시스코 아파트를 정리하고 짐을 모두 창고에 넣은 뒤에 차를 사서 생필품, 요가 매트, 모니터 등만 챙기고는 에어비앤비 숙소를 여기저기 옮겨 다녔다. 내가 항상 가고 싶었던 조슈아 트리 국립공원을 시작으로 로스앤젤레스, 알파인, 샌디에이고 등 아름다운 캘리포니아의 여러 곳을 한 바퀴 도는 기회가 되었다. 처음에는 야심차게 미국 전역을 2년에 걸쳐 여행할 예정이었는데, 6개월쯤 되자 의료보험, 자동차 보험, 세금 등이 문제가 되었다. 더군다나 캘리포니아를 벗어나려 하자 이런 문제들이 더 복잡해졌다. 게다가 에어비앤비를 뒤지면서 새로운 곳으로 계속 이동하는 것이 나뿐만 아니라 내 반려견 브라이언에게도 꽤 많은 스트레스가 되었다. 그래서 6개월 만에 계획을 접고 다시 실리콘밸리로 돌아오고 말았다. 내가 미국에 있을 땐 오랜 시간을 실리콘밸리에서만 살고 다른 지역에서 살아본 경험이 없어서 '실리콘밸리 밖은 어떨까?' 하는 궁금증이 많았는데, 결과적으로 여행을 통해 어느 정도 실리콘밸리 밖의 삶도 누려 보는 계기가 되었다.

 캘리포니아도 외곽으로 나가면 아시아인이 한 명도 없는 곳도 꽤 많고, 차가 없으면 걸어 다닐 만한 인도가 없는 지역도 많다. 시골로 가면 자연환경을 더 많이 보면서 브라이언과 여기저기 돌아다니고 등산도 많이 할 것 같았지만 오히려 시골에는 걸어 다니는 사람들이 별로 없고, 반려견의 등산이 허가된 곳도 많지 않다. 특히 내가 많이 기대를 했던 캘리포니아의 국립공원 대부분은 반려견과 함께 등반할 수 있는 곳이 별로 없어서, 꼼꼼한 사전 조사 없이 무작정 국립공원들을 중심으로 여행 계획을 짠 것이 후회될 때도 많았다. 좌충우돌 6개월의 여행을 마치고 실리콘밸리로 돌아오자 다시 만난 친구들도 반갑고, 또 무엇보다 다양한 문화생활을 할 수 있고 자전거로 또는 도보로 거리를 활보할 수 있는 것도 예전에는 느껴

보지 못한 기쁨이 되었다. 브라이언과 함께 오랜만에 여기저기 시내를 활보하다가 가까운 펍_{pub}에서 맥주 한잔 마시는 것도 도시에 사는 큰 특권임을 깨달았다.

또 나에게 재택근무가 정말 중요한 이유가 하나 더 있다. 한국에 계신 엄마가 2019년 여름에 파킨슨병 진단을 받았는데 그동안 병의 속도가 급속도로 진전되었기 때문이다. 그래서 요즘엔 한국에 자주 간다. 한번 가면 두어 달씩 머무는데, 머무는 동안 실리콘밸리 시간에 맞추어서 한국 시간으로 밤 12시부터 아침 9시까지 일한다. 그러면 아침에 일어나는 엄마와 동생이랑 아침과 점심을 함께 먹고 오후 5시까지 같이 시간을 보낼 수 있다. 오후 5시가 조금 넘으면 나는 안대와 헤드폰을 쓰고 잠을 청한다. 그러면 최소한 7시간 정도의 수면을 취할 수 있다. 물론 시차 적응이 쉽지만은 않다. 겨울엔 그나마 저녁 5시면 꽤 어두워져서 잠을 청하기가 쉽지만 여름엔 오후 늦게까지 햇빛이 쨍쨍하게 비춰서 잠들기가 쉽지 않다. 새벽에 일을 할 때 다른 사람들은 자고 있으니 회의도 조용히 해야 하고 한국 시간으로 새벽 3시쯤 먹는 점심도 조용히 쉽게 준비할 수 있는 과일과 견과류 정도로 대체했다.

주말에 한잔하자고 꼬셔 대는 친구들의 요청도 거절하는 편이다. 주말이라고 해서 한국 시간에 맞춰서 밤늦게까지 깨어 있으면 다음 주의 패턴이 깨진다. 그래서 웬만하면 주말에도 주중처럼 저녁 5시에 취침, 밤 12시 기상 시간을 지킨다. 밤 12시부터 아침까지는 갈 곳도 없고, 만날 사람도 없어서 보통은 책을 읽거나 영화를 보거나 이어폰을 낀 채로 조용히 요가를 한다. 여름에는 그나마 해가 일찍 떠서 동이 트기 전에 집 근처에 있는 검단산에 등산이라도 가지만, 겨울에는 그렇지도 않으니 아침이 될 때까지 꼬박 9시간을 조용히 혼자 보내야 한다. 그래도 이렇게라도 한국에 오래 머물 수 있는 것은 재택근무 덕이고 많은 직장인들에게 허용되지 않은 특권이라는 것을 잘 안다. 몸도 제대로 가누지 못하는 엄마를 혼자서 돌보는 동생과 이제는 시간이 얼마 남지 않은 엄마와 이렇게라도 함께할 수 있어서 감사할 따름이다.

3

요즘은
인종 차별이 아니라
스펙 차별

이제 20여 년쯤 외국에서 살다 보니 차별, 특히 인종차별은 정말 누구와 이야기하느냐에 따라 그 경험과 뉘앙스가 다르다는 걸 느낀다. 같은 인종이고 같은 도시에 살고 있어도 어떤 사람은 크게 차별을 느끼기도 하고 어떤 사람은 별로 그런 걸 못 느끼고 산다. 또 이것은 본인이 미국에서 태어나 자란 한국계 Korean-American냐 아니면 나처럼 한국에서 태어나서 어느 정도 교육을 받고 외국으로 나간 사람이냐에 따라서도 많이 다르다. 좀 우습게 들릴지도 모르겠지만 외모도 차별의 요인이 될 수 있다. 본인의 외모 스타일이 요즘 할리우드 아시아 배우 같으냐 아니면 K-POP 스타 같으냐에 따라서도 사람들이 보는 시각에 차이가 날 수 있다.

사람들이 타인을 판단할 때 직접적인 경험보다는 간접적인 경험, 예를 들면 미디어의 영향, 가족관, 지역이나 속해 있는 조직의 문화 또는 정치적 성향 등이 생각보다 많이 작용한다. 그래서 다른 인종을 많이 접할 기회가 없는 소도시나 외곽에 사는 사람들이 이런 결론을 빨리 내린다. 이래서 대중매체가 보여 주는 다양성이 중요하다. 내 주위에 아시아인이 많지 않아도 영화나 드라마에서 아시아인들을 좋은 이미지로 계속해서 보여 주면 무의식 속에 그런 의식이 자리를 잡는다.

내가 여기저기 떠돌아다니면서 많은 문화, 인종을 대하며 살다 보니, 요즘 들어서는 많은 사람들이 사회경제적 지위 Socioeconomic Status를 인종이나 나이보다 더 중요시하는 것 같다. 내가 뭐 하는 사람이냐, 내가 가진 기술이 무엇이냐, 즉 어떤 경제적 위치에 있는 사람이냐가 내 피부색보다 더 중요한 기준이 된 것이다.

내가 처음에 실리콘밸리에서 개발자로 일하던 회사가 금융계 쪽이었는데, 우리 회사 투자자들이 거의 아시아계 재력가들이었다. 그래서 우리 회사로 가끔 투자자의 자녀들이 무급 인턴으로 와서 '실리콘밸리 경험'을 쌓고 가는 경우가 있었다. 영어도 서투르고 문화를 잘 몰라도 상류층 출신들이라서 그런지 전혀 막힘이 없었다. 비싼 아파트와 렌터카를 계약하고 새로 사귄 샌프란시스코 친구들과 어디를 가나 당당하게 VIP

대접을 받는 그들을 보면서, 이런 이들에게는 차별이란 존재하지 않는다고 생각했다. 물론 그 사람들 입장에서는 다르게 느껴질 수도 있겠지만 내가 보기에도 돈이 당연 인종적 편견 위에 있는 듯하다.

   내가 처음 한국을 떠나 외국 생활을 할 때와 비교를 해 봐도 인종차별을 여기서는 별로 느끼지 않는다. 호주에서 직장을 구하던 2007년도에 구직 전문 회사에서 "요즘 젊은 아시아 여자를 비서로 쓰는 것이 유행이다. 비서직을 찾으면 취업이 그나마 쉬울 것이다"라는 말을 들었었다. 캐나다에서 일하던 2011년경에는 우리 회사 인사과장이 "아시아인들은 교활한 sneaky 면이 많다" 또는 "아시아인들은 보통 진급에는 관심이 없는 것 같다" 등의 인종차별적인 발언을 내 앞에서 서슴지 않고 했었다. 그때는 이런 말이 인종차별이라는 것도 잘 몰랐다. 사회적 분위기가 지금과는 많이 달랐고, 내가 일하던 회사가 나이 지긋한 백인들이 압도적으로 많아서 이런 일들이 더 당연하게 받아들여진 것 같다. 이런 것과 비교해 보면 내가 현재 실리콘밸리에 살면서 아시아인으로서 겪는 차별은 솔직히 많지 않다. 여기에 살면서 내가 유색인종이라서 진급을 못 했거나 면접에서 떨어졌다고 느낀 기억이 거의 없다. 실리콘밸리에는 아시아인들도 많고 특히 성공한 아시아인들이 많기 때문에, 아시아인이라서 받는 차별이 겉으로 잘 드러나지는 않는다. 물론 나의 개인적인 경험이 다른 모든 실리콘밸리에 사는 아시아인의 경험을 대변할 수는 없다. 또 나 자신이 별로 차별을 느끼지 못했다고 해서 내가 인종차별이 전혀 없는 사회에 살고 있다는 착각도 하지 않는다. 여기서도 당연히 인종차별은 어느 정도 존재한다. 다른 지역에 비해 훨씬 덜할 뿐이다.

호주, 캐나다, 미국 등 여러 나라에서 구직 활동을 오랫동안 하면서 나에게도 한 가지 불편한 비밀이 있다. 이력서에 쓰는 이름이다. 내가 구직 활동에 사용하는 이름은 본명인 Seyoung Kwak(곽세영)이 아니라 Sarah Kwak(사라 곽)이다. Seyoung은 외국인들이 볼 때 어느 나라 이름인지, 성별이 무엇인지 등을 가늠하기가 어렵다. 그러나 Sarah는 다르다. 최소한 여자라는 것은 확실하고, 어느 나라 출신인지 알 수는 없지만 최소한 영어 이름이 있다면 미국 또는 영어권 국가에서 오래 살았을 것 같은 느낌이 든다. 이유가 무엇인지 확실히는 몰라도 같은 자리를 지원할 때 이름을 Sarah라고 쓴 이력서는 면접까지 이어질 확률이 훨씬 높았다. 그래서 나는 항상 입사할 때 Seyoung이 아니라 Sarah로 입사한 뒤 나중에 Seyoung으로 바꾼다.

굳이 다시 이름을 바꿀 필요는 없지만, 아무래도 Sarah라는 이름이 너무 흔한 이름이라 많은 사람들과 혼동이 와서 그렇기도 하고 동료들이 나중에 내 본명을 알게 되면 본명으로 부르고 싶어 하기도 한다. 그래서 좀 불편해도 나는 항상 Sarah로 시작해서 나중에 Seyoung이 된다. 10년째 살고 있는 캘리포니아가 많이 익숙하기도 하고, 친구도 많이 생겼고 회사 로고가 박힌 재킷, 가방, 모자에 누가 봐도 실리콘밸리 회사에 다니는 것 같은 모양새를 하고 다니는 나는 이곳에서 인종차별이라는 것은 거의 느끼지 않는다. 그래도 다음 이직을 할 때 나는 아마 다시 Sarah가 될 것이다.

이제는 가물가물하지만 코로나19가 세계를 장악하고 있을 때 실리콘밸리 근교에서도 아시아인들을 상대로 하는 크고 작은 사건 사고들이 있었다. 샌프란시스코에서도 아시아인들을 대상으로 하는 범죄들이 하나둘씩 언론을 타고 보도되면서 #StopAsianHate(아시아인에 대한 혐오를 멈춰라)라는 해시태그가 트위터를 타고 번지기 시작했다. 회사 내에서도 아시아인 친구들끼리 조심하라는 이야기를 인사말처럼 건넸다. 물론 언론이 이런 사건 사고들을 좀 과장해서 보도한 면도 없지 않아 있었다. 그러나 이런 사건을 접할 때마다 아무리 아시아인들의 소득 수준이 오르고 실리콘밸리에서 입지가 굳어졌어도, 어떤 이들이 보기엔 우리는 그냥 '유색인종 이방인'일 뿐이라는 느낌을 떨칠 수가 없었다. 특히 아시아계 미국인 친구들은 그때 충격을 더 많이 받았다. 끝도 없어 보이던 코로나19가 이제는 먼 과거의 일처럼 느껴지고 아시아인 대상 범죄들은 기억 속에서만 존재한다. 그래도 인종차별이나 보이지 않는 인종 분리 상태는 여전히 존재한다.

여기서는 동네에 따라 인종 분포도가 다른 경우가 많다. 특히 내가 사는 캘리포니아 주립대학 캠퍼스가 있는 버클리와 오클랜드가 좋은 예다. 버클리는 명문 주립대학이 자리 잡고 있고 최근에는 많은 생명과학 회사들이 모여들어 고소득, 고학력의 백인들이 많이 거주하는 동네다. 그에 반해 오클랜드는 역사적으로 흑인들이 많이 살고 있는 지역으로 예전부터 살인, 강도, 절도 등 폭력 범죄와 재산 범죄가 많은 곳이다. 이 두 도시는 딱 붙어 있다. 오클랜드는 또 샌프란시스코와는 다리 하나를 사이에 두고 있다.

미국에서도 집값, 교육 수준, 소득이 가장 높은 샌프란시스코와 버클리 사이에 샌드위치처럼 끼어 있는 오클랜드는 총기 사고도 가끔 일어나서 밤에 산책이나 조깅을 할 생각은 엄두도 못 낼 만큼 삭막한 곳도 있다. 오클랜드 전체가 다 이런 것은 아니다. 최근 10여 년간 꾸준한 부동산 개발과 실리콘밸리의 확장으로 여기에도 꽤 많은 IT 기업들이 자리를 잡았고, 고급 주상복합건물이나 아파트 등이 실리콘밸리로 출근하는 인력들을 위해 많이 세워졌다. 새로 유입된 인구는 자연히 오클랜드를 개발시키는 원동력이 되기도 했지만 부작용으로 원래 살고 있던 주민들의 월세는 더 높아졌다. 그래서 특히 저소

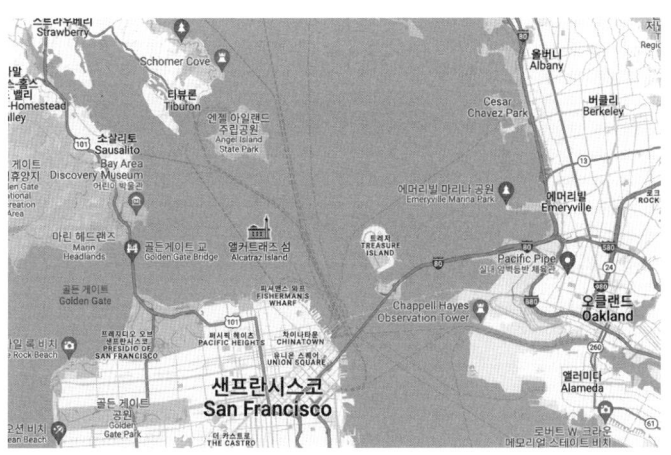

샌프란시스코, 버클리, 오클랜드 지도

득층은 계속해서 발전이 되지 않은 고속도로의 서쪽으로 밀려나거나 도심에서 더 먼 교통이 불편한 곳으로 이주했다. 노숙자들도 계속해서 서쪽으로 이동해서 서부 오클랜드 주변은 낮에도 걸어 다니기가 어려울 정도로 텐트와 쓰레기가 널브러져 있는 곳이 많다. 그 반대편에 개발된 동부 오클랜드는 아름다운 메리트 호수를 끼고 음식점과 고급 카페 등 주변 상권도 많이 활성화되었고 오페라 하우스, 박물관, 동물원 등 좋은 편의 시설들이 많다. 수십억 원 되는 아파트들도 즐비하고 다른 실리콘밸리 도시처럼 백인, 아시아인들이 많이 거주한다.

 미국도 한국처럼 집값이 비싼 지역과 싼 지역이 나뉘어져 있다. 한국은 좋은 학교나 지하철 역세권을 중심으로 지역이

오클랜드 MLK와 24번가 사이 노숙자 텐트 군집 구역＊

나뉘지만, 미국은 고속도로를 사이에 두고 지역이 갈리는 경우가 많다. 이런 고속도로들은 1950년대에 백인과 유색인종이 사는 지역을 갈라놓는 정책의 일환으로 건설되었고, 속된 말로 인종차별의 고속도로Racist Highways라고 불릴 정도였다. 2021년 바이든 정권은 이런 역사적으로 지역 공동체를 나누는 고속도로들을 철폐하는 계획을 내놓았고 그중 서부 오클랜드 980번 고속도로(I-980)도 철거가 결정되었다. 실리콘밸리 주변에서만 이런 현상이 나타나는 것은 아니다. 시애틀, 뉴욕, LA, 플로리다 등 미국 어디를 가나 마찬가지다. 여기서는 고속도로를 사이로 지역이 나뉘고 우편번호가 부와 인종을 동시에 대표한다.

　실리콘밸리에도 인종차별이 존재하고, 유색인종이라면 색

* https://www.oaklandca.gov/topics/encampment-management-team

안경을 끼고 보는 사람들이 아직도 많이 있다. 인종들끼리 모여서 사는 곳이 분리되어 있고 인종들이 하는 일도 어느 면에선 분리되어 있는 것처럼 보인다. 흑인 인권 운동Black Lives Matter이 한참 미국을 휩쓸고 있을 2020년에 숄라 리처즈Shola Richards˙라는 베스트셀러 작가이자 강연자가 흑인으로서 LA 부촌에 살면서 자기는 아침저녁으로 산책을 갈 때 꼭 자기 딸을 동반한다는 글을 트위터에 써서 많은 이들의 공감을 얻었다. 이 발언은 아직까지 만연한 미국의 인종차별에 관한 현실을 다시 한번 일깨워 주었다.

> "어린 딸의 손을 잡고, 사랑스러운 강아지와 함께 산책을 할 때 나는 단순히 아이와 하루 종일 씨름하던 집에서 벗어나 잠시 휴식을 취하러 나온 애정 넘치는 아빠이자 반려견의 주인입니다. 그러나 내 딸들 없이 혼자서 이 동네를 걷고 있으면 난 순식간에 무서운 흑인 남자로 이 동네 백인들의 눈에 비칩니다.
> 어린 두 딸을 가진 사랑스러운 아빠로 보이는 대신에 나는 키 188cm의 덩치에 마스크를 쓰고 돌아다니는 흑인 남성이 됩니다. 즉, 이 좋은 동네에 살 만한 사람처럼 보이지 않는

˙ https://twitter.com/sholarichards

거죠(나는 그저 동네를 산책할 뿐이지만 이렇게 보는 시각에 따라 다른 사람이 되는 겁니다)."

아름답고 조용한 버클리에서 월세를 내고 사는 나도 밖에 나갈 때는 습관처럼 회사에서 주는 후드티를 뒤집어쓰고 나간다. 아침에 조깅을 할 때도 나름대로 유명 브랜드의 옷을 깨끗하게 차려입고 나가서 뛴다. 가끔은 내가 입은 브랜드 재킷이 "나는 여기에 살 만한 자격이 있는 사람이다"라고 말해 주는 것 같아서 입고 나가는 게 아닌가 내 자신에게 묻기도 한다.

4

나를 먼저
홍보하지 못한다면
뒤처진다

한국에서도 그렇겠지만 미국에서도 성별, 종교, 가치관 또는 사회경제적 지위에 따라 가정 교육이 다르고 또 경험하는 사회 영역도 다르다. 그래서 어떤 사람은 겸손이 미덕이라고 하고 어떤 사람은 항상 자신감 있게 자기를 표현하고 원하는 것을 알리느라 바쁘다. 자기주장과 표현에 긍정적이고 익숙한 사람들은 자기 자랑도 자연스럽지만 어떤 사람은 또 마냥 싫어서 누가 자신을 칭찬하기라도 하면 몸이 오그라드는 경험을 하기도 한다. 요즘은 사회생활 하면서 자랑하는 것도 나쁘게만 볼 일은 아니다. 오히려 너무 겸손해서 자기 밥그릇 잘못 찾아 먹는 사람이 더 둔해 보이고 답답할 때도 있다. 특히 진급이나 구직 활동 중이라면 전략적인 자기 자랑과 홍보는 당연 필수다.

여기서는 사회생활과 대외적인 자기 홍보를 하는 데 링크드인LinkedIn을 이야기하지 않을 수가 없다. 가끔 링크드인을 보면 '도대체 이 사람은 뭐 하는 사람인가?'라는 의문이 들 때가 있다. 직책도 거창하고, 하는 일도 수십 가지다. 그리고 요즘은 들어 보지도 못한 단체나 조직에서 주는 상이나 거창한 직함들로 링크드인을 도배하고 있다. 이런 화려한 경력과 직함을 가지고 있는 슈퍼맨, 슈퍼우먼들이 실리콘밸리에는 정말 많다.

자격증 하나를 따도, 온라인으로 수업을 들어도 이제는 링크드인에 공개하는 것이 일상화되었다. 요즘은 승진하면 조용히 회사 내에서만 축하를 받는 것이 아니라 링크드인을 통해서 멀리 한국에 사는 학교 동창들에게도 소식이 전해지고 축하를 받는다. 이직이나 승진 소식 등 공적인 일뿐만 아니라 요즘은 생일, 결혼, 자녀 출산, 마라톤 완주, 암 치료 진행 과정까지 링크드인에서 보게 된다. 이런 개인적인 소식이나 정보를 링크드인을 통해서 공유하는 이유는 링크드인이 공적인 네트워크뿐만 아니라 SNS의 기능도 함께 하게 되었다는 뜻이다. 실리콘밸리에서 링크드인이 이렇게 공과 사를 넘나드는 통합 SNS로 거듭난 데에는 여러 가지 복합적인 이유들이 있겠지만 미국, 특히 실리콘밸리의 자기 홍보에 대한 긍정적인

> ◎ ▇▇▇▇▇▇▇▇▇▇ ⊘ (He/Him) · 2nd
> Data Engineering | Tech Lead @ Gable.ai | O'Reilly Author: Data Contracts | LinkedIn [in]structor | Founder @ On the Mark Data
> United States · Contact info
> 57,105 followers · 500+ connections

실제로 다양한 직책과 경력이 기재된 링크드인 프로필

견해도 한몫하는 듯하다. 링크드인은 개인의 이력을 나열하는 온라인 이력서에 그치지 않고 많은 사람들과 만나고 또 자신의 이야기를 전달하는 개인 브랜드 마케팅 도구로 자리를 잡았다.

물론 링크드인뿐만 아니라 어디서나 본인의 이야기를 잘하는 데는 기술이 필요하다. 특히 이직이나 취업을 준비할 때 또는 창업 아이디어 등을 공유할 때 자기 이야기를 잘 풀어내는 능력은 필수다. 어떻게 하면 주어진 짧은 시간 동안 상대를 '이 사람은 믿을 만하다' 또는 '같이 일하면 좋을 것 같다'라고 설득시킬 수 있을까? 요즘은 이런 주제의 책이나 강연, 학술지도 많아서 체계적이고 과학적인 방법으로 자기를 효과적으로 홍보하는 노하우를 배울 수 있다. 내가 특히 실리콘밸리에서 요즘 많이 접하는 신선하고 효과적인 자기 홍보 방법은, '실패는 성공의 어머니다 Failure is success in progress' 같은 식의 홍보다. 즉 실패를 자기 홍보로 이용하는 방법이다. 그 예로 몇 년 전에 내가 제품 매니저 면접에 면접관으로 들어갔을 때의 일이다. 지원자가 본인이 실패한 스타트업 경험들을 줄줄이 늘어놓아서 처음에는 '이 사람이 면접을 망치려고 하나?'라는 의문이 들 정도였다. 하지만 면접이 끝나고 최종 회의에서 면접관 3명이 만장일치로 그 사람을 뽑자고 했다. 이렇게 경험이 많고 실패를 여러 번 해 본 사람은 배운 것도 많고 또다시 똑같은 실수를 하지 않을 것이라는 의견이 압도적이었다. 이렇듯 실패도 자신의 영광스러운 배지가 될 수 있다.

회사에 다니면서도 자기를 홍보하는 기술은 중요하다. 가장 직접적인 예로 본인 승진 요청서 Self Promotion Request 라는 것이 있다. 실리콘밸리의 많은 회사들이 승진을 원하면 자기 자신의 승진 요청서를 쓰라고 하는 경우가 많다. 본인이 무슨 일을 했고, 그 일로 얼마나 좋은 결과를 팀에게 또는 회사에게 가져다줬냐를 보여 주는 보고서라고 생각하면 된다. 물론 내가 성공하기까지 우리 팀이 잘 도와줬고 매니저의 리더십도 뒷받침되었다는 것 정도는 포함하면서, 보통 본인이 무엇을 했고 그것으로 인해 어떤 긍정적인 결과가 조직에 돌아왔는지 체계적으로 서술하고 그 내용을 바탕으로 승진을 요구하는 것이다. 이게 쉬운 것 같아도 처음 써 보는 사람에겐 어려울 수 있다.

연봉 인상이나 승진을 요구할 때도 이런 자랑의 고수들은 자신의 능력을 잘 내세운다. 여기서는 회사에서 제시하는 조건을 무작정 받아들이기보다는 연봉 협상에 진지하게 임하려는 사람들이 상당히 많다. 또 회사에 다니면서도 매니저와 승진에 대한 대화가 끊임없이 이루어진다. 그중에는 상담 시간 30분 내내 자기 자랑만 하는 직원도 있고, 반대로 1년 내내 단 한 번도 자기가 잘했다는 소리 한번 못 하는 직원도 있었다. 같이 일하는 한 동료는 상사가 지난 분기 프로젝트에 대한 승진 요청서를 쓰라니까 단 한 줄을 못 쓰고 몇 달을 끙끙대다가, 상사에게 자기는 승진에 관심 없다고 말하고 거절한 이도 있다. 이렇게 자기 이야기를 잘 못하는 사람들은 매니저의 입장에서도 승진시키기가 어렵다. 승진 요청서를 바탕으로 매니저도 상관에게 "이런 일을 한 누구를 이번에 승진시키자"라고 제안해야 하는데 자세한 내용이 없으니 처음부터 끝까지 매니저 자신이 직접 보고서를 써야 한다. 한마디로 매니저 입장에서는 일이 하나 더 느는 셈이다.

아무래도 실리콘밸리는 여러 인종과 다른 배경을 가진 사람들이 다양하게 어우러져 살고 일하는 곳이니만큼, 역시 자기 홍보에 대해서도 다양한 모습을 보일 수밖에 없다. 그러나 아무리 이런 환경이라도 역시 조직의 분위기를 개인은 따라갈 수밖에 없다. 회사에서 자기 자랑이 많은 사람들이 승승장구하는 분위기면 사람들이 덩달아서 더 자기 자랑에 힘쓰고,

그렇지 않은 분위기면 다들 겸손하게 자기 팀과 열심히 일한다. 특히 회사의 최고 경영인들이 '자뻑 스타일'이 대다수면 그런 매니저도 줄줄이 생기게 된다. 이렇게 되면 관리자와의 면담 시간에도 언제 승진시켜 줄 거냐고 떼를 쓰는 직원들이 많아진다. 이런 분위기에서는 사람들이 자연스럽게 자기 자신의 성과에만 관심을 가질 수밖에 없고 그 결과로 팀과의 협력이 문제가 될 수도 있다. 많은 것들이 기업 문화나 윗사람들의 본보기에 달려 있다.

아무래도 미국, 특히 실리콘밸리 기업들이 좀 더 개방되고 솔직한 문화를 추구하는 성향 때문인지 여기서는 자기 홍보에 있어서도 좀 더 단도직입적이다. 이곳에서는 오래전부터 어떻게 하면 자기를 좀 더 돋보이게 하고 또 기술적으로 자기를 홍보하느냐에 많은 관심을 가지고 노력을 기울였다. 공개 연설이나 발표 때 자신감을 끌어올려 주는 수업들이 오랫동안 유행했고 꽤 많은 사람들이 큰돈을 들여서 수강을 하기도 한다. 또 지역마다 토스트마스터 인터내셔널Toastmaster International, TI* 같은 공개 연설을 서로 연습하고 도와주는 단체들이 활발한 활동을 하고 있다. 꼭 사업을 하고 싶은 사람이나 콘퍼런스에서 발표를 하는 일이 없어도 조리 있는 화법

- https://www.oaklandca.gov/topics/encampment-management-team

이나 논리적인 대화를 배우고 싶어 하는 사람들이 이런 단체에 참여한다. 또 본인의 장점을 잘 이야기하지 못하는 사람들은 자신감이 부족하다고 여기거나 아니면 가면 증후군Imposter Syndrome을 의심하고 전문가의 도움을 받아 개선하려는 노력을 끊임없이 한다. 전반적으로 어떻게 하면 효과적으로 자신의 이야기를 하느냐에 관심을 가진 사람들이 이곳엔 많다.

자랑 이야기에 당연히 돈 자랑이 빠질 수 없다. 밖에서 보기에 실리콘밸리에는 젊은 부자들이 많아서 돈 자랑이 많을 것이라고 예상하지만 생각보다 여기서는 돈 자랑하는 사람들이 많지 않다. 실리콘밸리에 와 보면 알겠지만 여기서는 명품 백을 가지고 다니는 사람도 보기 힘들고 비싼 장신구를 하고 다니는 사람들도 많지 않다. 운동화에 책가방을 메고 다니는 사람들이 대부분이다. 아무래도 실리콘밸리가 다른 곳에 비해 대다수가 비슷한 나이에 비슷한 정도를 벌기 때문이기도 하고, 또 명품을 좋아하는 것은 개인의 취향일 뿐이라고 여기는 관점 때문일지도 모르겠다. 여기서는 누가 비싼 차를 사면 그저 '저 사람은 차를 좋아하는구나'라고 생각하지 '저 사람 돈이 많구나'라고 생각하지 않는다. 누구는 돈을 모아서 집을 사고, 누구는 비싼 차를 사고, 누구는 그냥 여행 다니면서 돈을 쓴다. 그냥 다른 취향이라고 여긴다.

반면에 여기서는 능력 자랑이 좀 심하다. 예를 들면 '철인 4

종 경기를 1년에 2번씩 꼭 참여한다', '4개 언어를 할 줄 알고 새로운 언어를 여름에 배우러 떠난다' 또는 '1년에 책을 50권씩 읽는다' 등의 자랑이 많다. 아무래도 실리콘밸리에서는 돈이 많은 사람보다는 실력 있고 좀 색다른 취미들을 가진 사람들에게 관심이 쏠려서 그런 듯싶다.

자기 홍보와 자랑을 얘기하는 데 SNS도 빼놓을 수 없다. 여기서도 페이스북, 인스타그램 등을 통해서 내 직장 동료들, 동창들, 주변의 비슷한 나이의 사람들과 끊임없이 자신을 비교한다. 앞서서 말했듯 링크드인도 다른 SNS와 마찬가지로 이런 식의 자기 홍보를 이용해서 더 많은 사람들을 앱으로 끌어들이고 있다. 사람들은 본능적으로 이런 다른 사람들의 성공 이야기에 끌린다. 부럽고 질투심이 나면서도 어쩔 수 없다. 이러한 매체들은 사회학자나 심리학자들을 고용해서 더 끌리는 콘텐츠를 개발하고 개인들에게 자신의 홍보를 더 부추긴다.

사회가 성공 이야기를 너무 부추기다 보니 이런 남들의 성공 이야기를 수시로 접하면서 나 자신에게 실망이나 불안감이 드는 것은 어쩔 수 없는 일이다. 요즘처럼 정리 해고 이야기가 링크드인에 도배가 되고 있을 때, 이런 힘든 상황을 딛고 성공적으로 다시 새 기회를 잡은 사람들의 이야기들은 누구에게는 희망이 되기도 하지만 다른 이들에게는 본인의 처지를 더 절망하게 만들기도 한다. 실제로 내 주변에 정리 해고를

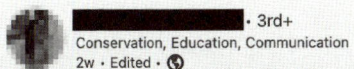

I'm happy to share that 6 months after I was laid off at 6am via email- a decision that came out of the blue and resulted in me losing healthcare, losing my home, being unable to meet basic food and shelter needs, and receiving countless rejections and having severe mental and physical health challenges- I'm finally starting a new position.

제가 해고된 지 6개월 만인 오늘 아침 6시에 받은 이메일을 여러분과 공유할 수 있게 되어 기쁩니다. 느닷없이 결정된 해고로 인해 저는 그동안 의료 서비스가 끊기고, 집을 잃고, 기본적인 식사와 주거도 유지할 수 없었으며, 그 밖의 수많은 어려움으로 심각한 정신적, 신체적 건강 문제를 겪고 있었습니다. 저는 마침내 새로운 직장에서 일을 시작하게 되었습니다.

정리 해고 후 다시 새 직장을 찾았다는 링크드인 글

당한 많은 친구들이 링크드인에 접속하기가 싫어졌다고 말한다. 물론 새 직장을 찾아야 하니 링크드인을 완전히 외면할 수는 없지만, 다른 사람들의 재취업 이야기들이 더 마음을 조급하게 해서 그렇다는 것이다.

또 이런 성공 스토리들은 은근히 '아픈 만큼 성숙해진다' 같은 식의 이야기를 기대하게 만든다. 직장을 다니다가 정리 해고를 당하고 여러 가지 걱정과 불안이 많은 사람들에게, 이 일을 계기로 더 성숙한 모습을 보여 주기를 은근히 바라는 것이다. 그래서 힘든 현실에 맞닥뜨린 사람들도 이런 당찬 모습을 빠른 시간 내에 보여줘야 한다는 사명감에 더 힘들어한다.

모든 걸 다 가진 것처럼 보이는 실리콘밸리 사람들도 매일

자기 자신을 다른 사람들과 비교하며 살아간다. 대학을 졸업하자마자 세상 사람들이 다 아는 대기업에 억대 연봉을 받으면서 다니는 이들이 도대체 남을 부러워할 일이 뭐가 있을까 싶지만, 실제로 여기서도 항상 듣는 이야기는 최연소 최고 경영자, 최연소 발명가, 창업자 등 다른 이들의 믿기 어려운 성공 이야기들뿐이다.

5

실리콘밸리에서는 내 성과를 어떻게 평가할까?

세계의 어느 회사나 마찬가지겠지만 실리콘밸리에서도 업무 능력 평가는 조직 경영에 있어서 가장 중요하면서 힘든 과제 중 하나다. 회사마다, 또 같은 회사 안에서도 부서마다 어떻게 업무 능력 평가를 하는지는 가지각색이다. 작은 스타트업에서는 매니저가 싫은 소리 안 하면 잘하고 있다는 증거다. 즉 '무소식이 희소식이다' 식의 업무 평가가 다인 경우가 많다. 반면 대기업들은 3개월에 한 번씩 몇 주간의 시간을 들여서 전 직원의 업무 평가 자료를 만들고 분석하는 작업을 한다.

어떻게 업무 평가를 하던 1~2주에 한 번 30분 정도 매니저와의 상담이 여기서는 보편적이다. 매니저와의 지속적인 상담을 통해 내가 지금 잘하고 있는지, 또는 내 팀원들은 나를 어떻게 생각하고 있는지 또는 승진은 얼마나 가까운지를 가늠할 수 있다. 최근 실리콘밸리 회사들의 업무 성과와 정리 해고 등이 전 세계의 관심사로 떠오르면서 구체적인 실리콘밸리의 경영 문화, 제도 그리고 직원 관리와 평가 방법 등이 많은 주목을 받았다. 여기서 업무 능력 평가 그리고 관리자들과의 면담 등은 어떻게 진행되고 있을까? 또 업무 평가를 할 때 관리자의 의견 말고 어떤 다른 요인들이 포함될까?

이미 기존에 소개가 많이 된 대기업들의 업무 평가 절차 등에 비해서 스타트업은 아무래도 그 스케일이 작은 경우가 많다. 그래도 원리는 비슷하다. 여기서는 디렉터Director, 매니저Manager, CTO 등 직원을 관리하는 사람들을 관리자Management 그리고 직원을 관리하지 않고 자신의 업무 성과만 내는 사람들을 개인 기여자Individual Contributor, IC라고 부른다. 이런 분류는 실리콘밸리의 크고 작은 회사들에서 자주 쓰는 용어다. 앞에서 설명했듯이 경력이 중급 이상이 되면 본인이 관리자의 길로 들어서든지 아니면 개인 기여자로 남을 것인지를 결정한다. 기술 쪽으로 더 관심이 있는 사람들은 관리자의 길로 가기보다는 개인 기여자로 남기를 희망한다. 처음에 관리자의 길로 진로를 선택하고는 은근히 사람들이 자신을 실패한 엔지니어로 보면 어떡하나 고민을 하는 이들이 있을 정도다. 또 관리자가 된다고 해서 돈을 더 많이 받거나 더 인정받는 것도 아니기 때문에 매니저가 되는 것은 개인적인 선택으로 여기지 성공의 길로 생각하지 않는다. 이것이 실리콘밸리와 전 세계 다른 기업들의 가장 큰 차이점이라고 할 수 있다.

  1~2주에 한 번씩 만나는 매니저와는 무슨 얘기를 나눌까? 물론 이것도 회사마다 팀마다 다르다. 특히 여러 사람들을 관리해야 하는 관리자들은 자기가 관리하는 직원 각자의 성과라든가 팀이 어떻게 돌아가는지를 자세히 모를 수도 있다. 그래서 보통 팀에서 돌아가는 일을 간단히 정리하는 식으로 대화를 시작한다. 여기서는 매니저와의 정기적인 상담 시간 동안 보통 이런 이야기들을 나눈다.

프로젝트의 방향, 본인의 성향 지금 하는 일이 나에게 맞지 않는다거나, 혹시 프로젝트가 본인의 생각과 다른 방향으로 가고 있다면 이때 상의해 보는 것이 좋다. 실리콘밸리에서는 보통 회사들이 직원의 성향과 프로젝트를 맞추려고 노력한다. 아무래도 관심이 있는 분야에서 일하는 것이 직원의 성과도 올리고 만족도도 높이기 때문이다.

팀 또는 프로젝트의 문제점 꼭 나의 일과 관련될 필요는 없다. 가령 "우리 팀에서 마케팅이 잘 안되는 것 같다", "자꾸 바뀌는 마케팅 방향 때문에 제품의 성장이 더딘 것 같다" 등의 사항도 매니저가 알게 되면 적절한 조치가 내려질 수 있다.

팀원에 대한 칭찬 또는 지적 "지금 우리 팀에 있는 신입 사원이 일을 잘 못한다" 또는 "이번 프로젝트에 ○○의 힘이 정말 컸다" 같은 피드백은 매니저가 승진이나 인사 관련 결정을 하는 데 큰 도움이 된다.

일의 지원 예를 들어, "지금 하는 일이 좀 생소해서 일이 더디다. 어떻게 개선하면 좋을까?" 또는 "혹시 나를 도와줄 만한 사람이 팀에 있나?" 같은 요청을 할 수 있다.

승진 가장 중요한 이야기다. 여기 사람들은 자신의 승진에 대해 질문을 자주 하는 편이다. 직접적으로 말을 잘 안 해주는 매니저라도 내가 승진을 언제 하냐고 또는 승진이 얼마나 가까워졌냐고 묻는다면 솔직하게 대답할 수밖에 없다. 상담을 통해 내가 승진하기 위해 필요한 것들을 알 수 있게 된다.

팀원들의 의견 여기서는 나에 대한 팀원들의 의견Peer Review을 정기적으로 묻는 회사들이 많다. 이때 혹시라도 나에게 불만이 있거나 내가 고쳐야 할 점을 지적하는 다른 직원이 있다면 그런 이야기를 간접적으로라도 들을 수 있는 좋은 기회가 된다.

회사의 지원 예를 들어 "나는 지금 자바스크립트 강의를 듣고 싶다. 회사에서 지원이 가능한가?" 또는 "개발자 콘퍼런스에 참가하고 싶은데 가도 되나?" 같이 문의할 수 있다.

그렇다면 매니저들의 성과 관리는 어떻게 이루어질까? 실리콘밸리에서 매니저는 맡은 직원들의 성과 관리가 주목적이기 때문에 그들의 성과는 보통 관리하는 직원들의 성과에 달려 있다. 본인이 기술력도 탄탄하고 다른 사람들에게 실력을 인정받은 매니저라 할지라도, 본인이 관리하는 직원이 계속 문제를 일으키거나 성과가 좋지 않으면 매니저로서 좋은 점수를 받을 수 없다. 그래서 직원에게 있어서도 이런 상담이 중요하지만, 매니저로서도 본인의 성과를 위해서 관리하는 직원이 힘든 점은 없는지, 어떤 지원이 필요한지 상담을 통해서 알아낸다.

직원들에게 직접적으로 매니저의 평가를 묻는 곳도 많다. 상향 평가 Upward Feedback라고 해서 본인의 상사, 또는 그 위의 상사에 대한 평가를 직원들이 한다. 이런 상사에 관련된 평가는 보통 이름을 공개하지 않고 작성하는 경우가 대부분이지만 회사에 따라서 이름 공개를 요구하는 경우도 있다. 물론 공개를 요구하려면 그만큼 직원들의 회사에 대한 믿음이 필요하다. 회사 문화에 따라 이런 것도 잘 활용될 수 있다.

업무 능력 평가에 있어서 물론 매니저가 보는 본인의 점수가 가장 큰 자료가 되겠으나 다른 중요한 지표도 여럿 있다. 특히 많은 사람을 관리하는 매니저의 경우에는 이런 지표들에 많이 의존할 수밖에 없다. 몇 가지 예를 들면 다음과 같다.

동료 평가(Peer Review) 이것은 팀원들이 서로에게 내리는 능력 평가이다. 아무리 내가 또는 내 매니저가 생각할 때 잘 하고 있더라도 팀원들이 불만이 많으면 이 사람은 평가를 잘 받기 힘들다. 반대로 성과가 좀 낮더라도 다른 팀원들이 입을 모아 이 직원의 도움을 많이 받는다고 평가를 써주면 평가 점수가 올라간다.

자기 평가(Self Review) 본인의 평가서를 공식적으로 작성할 수 있다. 예를 들어서 언급되지 않았거나 매니저가 간과한 일 중에 내가 잘한 일 등을 상기시키는 좋은 기회다. 꼭 잘한 일만 쓸 필요는 없다. 프로젝트 중 아쉬운 점이 있으면 이런저런 이유로 잘되지 않았고 앞으로는 발전하겠다는 식으로 쓰기도 한다. 이렇게 누가 지적하기 전에 내가 자기반성을 함으로써 오히려 좋은 반응을 얻을 수도 있다.

성과 증진 계획(Performance Improvement Plan, PIP) PIP는 외국에서 직장을 다닐 때 가장 두려워하는 단어다. 공식적으로 회사가 나의 행동을 지켜보고 있으며 내가 여기에서 제시한 증진 항목에 대해 정해진 기간 동안 발전을 보이지 않으면 곧 해고될 수 있다는 공식적인 경고다. PIP를 받기 전에 매니저가 말로 여러 번 사전 경고를 주는 게 보통이다. 그래도 문제가 계속되면 마지막으로 PIP를 주는데, PIP를 받으면 보통 공식적으로 인사과에 그 기록이 남는다.

PIP는 실리콘밸리뿐만 아니라 영어권 국가에서 흔하게 쓰는 일종의 공개 경고서다. PIP를 줄 때 보통은 인사과 직원이 동반하는 경우가 많다. 즉 나와 내 부서의 매니저만 관여하는 게 아니라 회사가 공식적으로 직원의 성과를 검토하고 그 결과를 지켜보겠다는 메시지다. 간단히 PIP에 들어가는 내용들을 정리해 보면 다음과 같다.

- **발전해야 할 사항과 목표들**(Performance goals for the plan)
- **목표를 달성했다고 인정할 수 있는 정확한 지표들**(Metrics used to evaluate improvement)
- **목표를 달성해야 하는 기한**(Date to reach the stated goals)
- **기한 동안 목표를 달성하지 못했을 때 예상되는 결과**
  (Consequences if goals are not met, 보통은 퇴사)
- **매니저와 본인이 동의한다는 서명과 날짜**

내가 여태까지 실리콘밸리에서 경험한 바로는 PIP를 받은 사람들 중 상당수는 본인의 업무를 발전시키기 위해 노력하기보다는, 다른 직장을 찾거나 아니면 퇴사 통보를 받기 전에 알아서 회사를 그만두는 경우가 더 많다. 이만큼 PIP가 무서운 것이다. 경고라기보다는 거의 해고되기 직전에 회사가 직원이 성과를 내도록 도와줬지만 실패했다는 증거 자료라고 보는 편이 낫다. 물론 회사의 분위기마다 다를 수 있겠지만 현실적으로 PIP를 받고 재도약하기는 쉽지 않다. 또 PIP를 받고 노력해도 목표를 달성하지 못해 해고된다면 다음 직장으로 옮길 때 문제가 될 수 있다. 어느 회사도 전 직장에서 PIP를 받고 실패한 직원을 채용하려고 하지 않기 때문이다. 물론 이직 시 본인이 이전 회사에서 PIP를 받았다고 이야기할 필요는 없지만 추천서나 경력 확인 절차 등을 통해서 소식이 알려질 수 있다. 이러한 여러 가지 이유로 PIP를 받은 후 보통은 열심히 일해서 성과를 끌어올리기보다는 다른 회사로의 이직을 고려하는 경우가 많다.

업무 능력 평가는 회사에 다니는 직원으로서도 그렇고 회사의 입장에서도 가장 힘든 일 중에 하나라고 해도 과언이 아니다. 특히 실리콘밸리가 위치해 있는 캘리포니아는 해고 시 특별한 사유가 없어도 되는 주At-Will State다. 물론 법에 저촉되는 차별이나 노동법을 위반하는 해고는 당연히 허용되지 않지만, 회사는 법적으로 언제든 직원을 아무 이유 없이 해고할 수 있다. 물론 이런 해고의 권리가 있지만, 어떤 회사도 일 잘하고 있는 직원을 함부로 해고하지는 않는다. 회사의 입장에서도 직원을 뽑으면 수개월 동안 일도 가르쳐야 하고 여러 가지 지원도 해야 하기 때문에 이만저만 돈과 시간이 드는 것이 아니다. 그래서 웬만하면 아무리 성과가 좋지 못한 직원이라도 성과를 끌어올려서 같이 일을 하는 것이 수지에 맞다. 그러나 몇 번의 기회를 주었는데도 기대한 만큼의 성과가 나오지 않으면 PIP 통보가 나간다. 그래도 발전이 없으면 해고로 이어진다.

이런 해고의 용이함이 언제나 나쁜 분위기를 조성하는 것은 아니다. 성과가 좋지 않은 직원을 해고하는 것은 어떤 의미에서는 열심히 일하는 다른 직원들에게 긍정적인 영향을 줄 수도 있다. 어떤 일이든 좋은 면만 있는 것도 아니고 나쁜 면만 있는 것도 아니다. 이래서 업무 능력 평가는 그나마 직원들에게 있어서 내가 잘하고 있는지 또는 어떻게 하면 더 잘할 수 있는지를 알 수 있는 좋은 기회다.

Chapter 3

달콤한 혹은
매운 직장 생활
이야기

1

ADHD이지만 나름대로 회사 잘 다닙니다

얼마 전에 회사에서 30분쯤 회의를 하던 도중, 회사 동료가 자기는 ADHD(주의력 결핍 과잉 행동 장애)가 있어서 긴 회의는 좀 힘들다며 쉬었다가 다시 얘기하자고 제안했다. 아무렇지도 않게 본인이 ADHD가 있다고 말하면서 회의를 중단하자고 제의하는 동료에게 나는 한 치의 망설임도 없이 이렇게 외쳤다. "나도 ADHD야 Me too!" 우리는 남은 시간을 ADHD를 진단받은 경위, 받은 시기에 대해 그리고 일하는 데 힘든 점은 없는지, 또는 회사에서 어떤 도움을 받고 있는지 등등 개인적인 이야기를 하는 데 보냈다.

실은 나도 수년 전, 내가 38살이 되던 해에 병원에서 ADHD를 진단받았다. 진단을 받고 나서 놀라기보다는 알고 있었던 사실을 재확인했다고 할까? 너무 당연하게 받아들이는 나에게 의사 선생님이 오히려 당황하며, 보통 성인이, 특히 여자가 진단을 받고는 놀라는 경우가 많은데 혹시 내가 ADHD라는 것을 알고 있었냐고 물었다.

내가 초등학교 1학년 때부터 졸업할 때까지 항상 성적표를 받으면, 기타 사항에 쓰여 있던 말이 있었다. '주의가 산만함.' 나중에 중학교쯤 가고 나서야 이 말이 무슨 의미인지 알게 되었지만, 초등학교 다닐 때는 그 말이 무슨 말인지도 몰랐다. 어릴 때부터 키가 크고 뚱뚱한 나에게 사람들이 "덩치가 산만하다"는 말을 많이 해서 나는 '주의가 산만함'이 같은 의미인 줄 알았다. 물론 집중력이 좋지 않아서 공부는 잘 못했지만 진단을 받기 전까지는 주의가 산만한 게 성격인 줄 알았지 병이라고는 생각하지 않았었다.

내가 38살에 진단을 받은 이유도 나의 산만한 주의 때문이 아니라 몇 년 전부터 나빠지는 기억력이 걱정돼서였다. 가끔은 혹시 내가 이른 치매가 아닌가 하는 걱정이 들 정도로 기억력이 나빠졌다. 이런 고민을 같이 일하는 의사 친구에게 하니 한번 테스트를 받아보라고 권유해서 병원에서 진단을 받게 되었다. "최근에 기억력이 너무 떨어지고 가끔은 내가 무엇을 하고 있는지도 잊어버려 어리둥절할 때가 있다. 조기 치매가 아닌가 걱정된다"라고 말을 꺼내니, 의사는 적극적으로 이것저것 검사를 했다. 장장 4시간의 검사가 끝난 뒤 의사는 좋은 소식과 나쁜 소식이 있다고 했다.

"좋은 소식은, 치매는 아닙니다. 나쁜 소식은, 성인 ADHD입니다."

진단을 받고 나서는 그 자리에서 바로 약물 처방이 내려졌다. 역시 미국은 약물 처방 하나만큼은 정말 빠르다.

ADHD, 자폐 스펙트럼, 난독증 같은 일반적인 신경 발달과 관련된 다양한 뇌의 차이점을 신경 다양성 Neurodiversity이라 하고, 이런 보통 사람들과 다른 뇌를 가진 사람을 신경 다양인 Neurodivergent이라고 한다. 실리콘밸리에서는 이런 신경 다양성을 주제로 어떻게 일하는 환경을 조성해야 이런 사람들과 함께 일을 할 수 있을까에 대한 토의가 오랫동안 이루어졌다. 여기는 다른 곳보다 다양성을 중시하기 때문에 놀랄 일도 아니다. 그 다양성이 인종이나 성 정체성일 수도 있고 또 나처럼 좀 다른 뇌를 가지고 있는 사람일 수도 있다. 내가 ADHD 진단을 받은 후 관심을 가지고 보니 의외로 여기에는 신경 다양성을 가진 사람들이 꽤 많다. 특히 엔지니어들이나 데이터를 관리하는 사람들 중에 이런 진단을 받은 사람들이 많았고, 이들 중에서는 업계에서 나름대로 실력을 인정받은 사람들도 다수다. 그래서 실리콘밸리 회사들은 좋건 싫건 이런 다양한 사람들과 함께 잘 일할 수 있는 방법을 오랫동안 모색

했나 보다.

이러한 실리콘밸리의 포용적인 분위기 덕분에 여기서는 이런 신경 다양성을 가진 사람들이 당당하게 본인이 업무에 필요하거나 도움이 될 만한 지원을 요청한다. 가령 집중력에 문제가 있기 때문에 사무실에서 좀 한가한 곳에 자리를 마련해 달라고 요청한다든지, 다른 사람들보다 조금 더 자주 쉬는 시간을 요구하는 경우는 흔하다. 물론 회사에 따라서 의사의 소견서를 요구할 수도 있고 또 이런 요구를 수락하면서 다른 조건을 제시하기도 한다.

가령 집중력에 문제가 있는 직원이 근무 시간을 조정해 달라고 요청하면, 회사는 요청을 수락하는 대신 주어진 일을 정해진 날짜 안에 끝내도록 요구하는 것이다. 그러면 이 직원은 본인이 가장 집중이 잘 되고 생산성이 좋은 시간대를 찾아서 일을 하면 된다. 어떻게 해서든 주어진 일에만 책임감을 가지고 끝내고 다른 팀원들과 의사소통의 문제가 없으면 여기서는 이런 요구쯤은 당연히 협상할 만하다. 참고로 아주 심한 ADHD라면 미국에서 장애로 인정받을 수도 있다. 이런 경우에는 어디에서나, 학생이라면 학교에서 또는 직장에서 합당한 처우를 요구할 수 있다.

내가 알고 있는 여러 명의 ADHD나 다른 쪽의 신경 다양성을 가지고 있는 사람들은 최근 재택근무가 좀 더 확장되면서 일하기가 편해지고 생산성도 많이 늘었다고 입을 모은다. 아무래도 조금 유동성 있게 가장 편한 환경에서 일할 수 있기 때문이기도 하다. 또 몇몇 친구들은 남의 눈치 볼 필요 없이 음악을 크게 틀어놓거나 소리를 지르면서 일할 수 있는 것이 도움이 된다고 말한다. 이렇게 우리가 보기에는 익숙하지 않고 이상하다고 할 만한 행동을 하는 사람들도 그들이 최고로 성과를 낼 수 있게 도와주면 얻는 점이 많다. 그래서 우리는 이런 사람들도 팀원으로서 같이 잘 일할 수 있도록 노력한다. 그리고 이들은 다른 사람들보다 다양한 방향에서 문제에 접근하고, 대부분이 하기 싫어하는 일을 기꺼이 즐겁게 하고, 가끔은 상사나 경영자들에게 눈치 보지 않고 거리낌 없이 말하기도 한다. 그래서 보통 이런 사람들과 일하는 것이 불편하다고 생각하기보다는, 어떻게 하면 이런 이들과 잘 일할 수 있을지 고민한다.

최근 들어서 IT 관련 콘퍼런스를 가면 신경 다양인들의 모임을 자주 본다. 예를 들어 파이썬 콘퍼런스에서 '파이썬을 쓰는 신경 다양인들의 모임 Python Neurodivergent'이라는 모임을 만들어 콘퍼런스 기간에 이런 사람들끼리 교류하는 자리를 마련하는 것이다. 이런 곳에서 사람들과 이야기해 보면 나처럼 자기만의 공부법을 찾아서 새로운 것에 계속 도전하는 사람들도 있지만, 대부분은 어려서부터 코딩을 좋아하거나 컴퓨터 쪽에 관심을 가진 사람들이 집중적으로 이 분야를 공부해서 전문인이 된 사람들이 대다수다. 학습 장애를 도와주는 약이나 다른 치료를 병행하는 사람들이 자신의 경험을 공유하기도 하고 상사, 팀원 또는 회사에 어떻게 본인이 필요한 것을 요구하는지에 대한 정보도 나눈다. 시도했지만 실패했던 여러 가지 경험도 허물없이 자랑스럽게 나누기도 한다. 이런 곳에서 이야기를 나누고 많은 사람들을 만나다 보면, 학습 장애를 가지고 있는 사람들에게 가장 힘든 점은 실제로 공부 성과의 부진보다는 본인의 능력에 대한 의심이 아닌가 싶다.

요즘은 한국에서도 신경 다양성을 가진 사람들이 본인의 경험담을 블로그나 유튜브 또는 책을 통해서 공유하는 경우를 많이 본다. 이런 콘텐츠들이 물론 비슷한 상황에 처한 사람들에게 동질감을 줄 수 있고 실질적인 정보를 제공하기도 하지만, 더 크게는 대중이 이런 사람들을 이해할 수 있는 계기가 될 수도 있다. 한국 사회도 조금씩 이런 다양성을 포용하고 있다는 사실에 마음이 훈훈하다.

2

나이 45세
희귀종인 걸
스스로 느낄 때

내가 2015년 실리콘밸리로 이사했을 때는 여기서 몇 년만 버티다가 다른 곳으로 가는 것이 나의 계획이었다. 그 이유로 첫째는 물가가 너무 비싸서 연봉을 고려해 봐도 여기서 오래 버틸 수 있을 것 같지 않았고, 둘째는 나이 때문이었다.

그때는 실리콘밸리 어디를 둘러봐도 40세가 넘은 사람들이 없어 보였는데, 지금도 마찬가지다. 특히 내가 일하는 샌프란시스코는 우리가 전통적으로 실리콘밸리라고 부르는 스탠퍼드 대학 근처와 비교해 봐도 그 현상이 조금 더 심하다. 샌프란시스코보다도 구글과 애플 등이 있는 실리콘밸리 지역은 전원주택도 많고 좋은 학교도 많아서 아무래도 나이 분포도가 샌프란시스코보다는 넓은 편이다. 종종 친구들과 농담 삼아 여기서는 40번째 생일에 버스가 와서 다른 도시로 데리고 간다고 할 정도로 여기는 20~30대가 압도적으로 많다. 회사뿐만 아니라 출퇴근길이나 사람들이 붐비는 음식점, 술집이 많은 번화가에서도 나처럼 머리가 희끗희끗한 중년은 찾아보기 힘들다.

다른 지역에서는 나이가 있는 사람들이 흔히 중급 또는 고위 간부급들인 경우가 많은 것과 대비해 여기서는 창업가들이나 최고 경영자들도 20~30대가 많아서 이런 나이의 불균형 현상이 강조되어 보이는 것이 사실이다. 고령화가 진행되어도 중년층이 기술직이나 전문직에서 사라지는 현상은 한국도 어느 정도 비슷하게 나타나는 것 같다. 한국 근로자 퇴직 평균 연령이 49.3세라는 OECD*보고서는 더욱 가속화되는 한국의 조기 퇴직 트렌드를 보여 주고 있다.

실리콘밸리는 정말 젊은 사람들밖에 없을까? 혹시 회사들이 중년의 고용을 꺼리는 걸까? 설마 실리콘밸리에도 나이 차별이 있는 걸까? 실리콘밸리에서는 몇 살이 퇴직 연령일까? 이런 궁금증을 가지고 계신 분들도 많을 것이다.

나이를 주제로 이야기를 시작하기 전에 우선 정확하게 짚고 넘어갈 사실이 있다. 실리콘밸리에서는 공식적으로 연령을

* https://one.oecd.org/document/ECO/WKP(2022)34/en/pdf

주제로 한 조사나 지표들이 많지 않다. 실리콘밸리 회사들이 젊은 사람들을 선호하고, 현재 일하고 있는 사람들이 거의가 40대 미만이라는 조사나 논문은 찾기가 힘들다. 이렇게 나이에 관한 정보가 부족한 이유는 여기서 나이가 다양성에서 별로 중요한 요소가 아니라고 여겨지기 때문이다. 수많은 실리콘밸리 대기업의 다양성 조사에서도 성별, 성 정체성, 인종과 관련된 자료는 많아도 나이가 주요 요인으로 설정된 자료는 찾기 힘들다. 그러나 실리콘밸리의 직원들의 나이 불균형 현상은 뚜렷해 보인다. 회사의 규모와 상관없이 이곳은 젊은 사람들이 압도적으로 높은 비율을 차지하고 있다.

앞에서 말했듯이 실리콘밸리에서는 나이를 상대로 한 조사가 많지 않기 때문에 가장 최근 조사로 찾을 수 있는 것이 2016년 자료다.˙ 자료에 따르면 실리콘밸리 회사를 다니는 주된 연령층은 20대 후반에서 30대 초반이다. 그나마 IT 업계에서 오래 자리를 잡은 인텔, IBM, 오라클, HP 등은 직원들의 평균 연령이 30대 후반이지만, 우리가 선호하는 요즘 '뜨는 회사들'의 평균 연령은 20대 후반에서 30대 초반이다.

내가 현재 일하는 곳에서도 40대 이상의 직원은 많지 않다.

- https://www.statista.com/statistics/653789/average-age-of-tech-company-employees/

45세로 여기서는 희귀종인 내가 실제로 여기 일하면서 아직까지 나이 때문에 불편함이나 차별을 느낀 적은 없다. 워낙 다양한 문화의 사람들이 많아 상대적으로 나이 차이가 큰 요소로 느껴지지 않기 때문이다. 한국처럼 한 민족, 한 문화에서 생활하는 사람들이 이러한 이유로 나이에 좀 더 민감하고, 세대 차이가 상대적으로 크게 느껴질 수도 있겠다.

여기서는 굳이 나이를 묻거나 나이에 대해 이야기하는 경우도 많지 않다. 본인이 나이를 들먹이지 않으면 별로 상관하지 않는다. 여기서는 가치관이나 행동 양식, 지역적인 요소 또는 사회경제적 위치나 개인 관심사 등이 사람들을 평가하는 지표이지, 나이는 상대적으로 중요한 요소로 여겨지지 않는다.

물론 나이가 비슷한 사람들끼리 통하는 교감은 여기에도 존재한다. 비슷한 시기에 학교를 나온 사람들끼리 당시 유행했던 영화, 음악, 스포츠 팀이나 화제가 되었던 일 등을 이야기할 때 다른 나이대 사람들이 어리둥절해하는 것은 사실이다. 또 아무래도 보통 중심이 되는 소재가 20~30대의 주 관심사인 연애, 결혼, 출산, 주택 구매 등이 대부분인 건 어쩔 수 없다. 그래서 중년층이 흔히 중요하게 생각하는 건강, 퇴직, 부모님 부양 문제 등의 이야기들을 심도 있게 나눌 만한 사람들이 여기에는 많지 않다. 그래도 업계에 젊은 사람들이 많아서 좋은 점이 많다. 분위기도 활발하고 아무래도 새로운 시도들을 많이 한다. 꼭 나이 때문이라고는 할 수는 없지만 이곳 사람들은 항상 기존의 것을 따라하기보다는 색다른 길을 찾으려 하는 사람들이 많다. 그래서 기술적으로도 더 많은 새로운 시도와 도약을 하는 것이 관례가 되었다.

이렇게 나이가 많은 사람들이 드물어서 자연스럽게 실리콘밸리 밖에서 볼 때는 나이에 대한 차별을 의심하지 않을 수 없다. 참고로 미국에서는 차별에 대한 법률안에 나이도 한 요소로 포함하고 있다. 나이 때문에 지원자를 채용하지 않거나 진급 등에 불이익을 주는 것은 연방법에 저촉된다. 이 법률안에서 정의한 나이 차별 대상 보호 연령은 40세 이상이다. 물론 구직자에게 대놓고 "당신은 나이가 너무 많아서 채용할 수 없다"라고 통보하는 회사는 없다. 그래서 나이 때문에 채용이 거절되었다는 이유로 회사를 고발하거나 법적인 조치를 취하기는 현실적으로 불가능하다고 봐야 한다.

그러나 면접을 본 회사의 직원들이 다 20대처럼 보이는데 나 혼자 머리가 희끗희끗한 중년이면 면접을 잘 봤어도 걱정이 되는 것은 사실이다. 실제로 주위에서 취업을 준비하는 중급 정도, 즉 10년 미만의 경력을 가진 중년 친구들 중에는 개발자로 면접을 보러 가면 개발자 대신 관리자 자리를 권유받거나 아니면 이런저런 이유로 퇴짜를 맞았다는 이야기를 꽤 많이 듣는다. 한 가지 중요한 점은 캘리포니아에서는 면접을 볼 때 법적으로 나이를 직접 물을 수도 없고 나이를 유추할 수 있는 정보, 예로 학교 졸업 연도 등을 요구할 수도 없다. 그래서 오로지 나이를 가늠할 수 있는 것은 경력 정도다. 특히 면접을 화상으로만 하는 경우는 나이를 걱정하는 사람들에게 더 이득이다. 그래서 중년 친구들끼리는 면접 볼 때 꼭 염색하고 화질 보정도 하라고 일러 준다.

정리 해고를 포함한 직원 감축 시에도 나이 차별을 방지하기 위해 회사에서도 몇 가지 조심해야 하는 부분이 있다. 예를 들어, 캘리포니아에서는 대량 해고 시 40세 이상 직원들에게 해임 합의서를 검토할 시간을 최소 21일 이상 주어야 한다. 이 기간에 해당 직원들은 변호사나 재무 전문가의 조언을 구하고 필요한 경우 합당한 조치를 회사에 요구할 수 있다. 회사는 또한 정리 해고 결정이 나이 때문이 아니라는 것을 40세 이상 직원들에게 증명해야 한다. 만약 해고를 당한 전체 인원 중 40세 이상의 직원들이 다른 나이대에 비해 훨씬 많다면, 해당 직원들은 회사에 타당한 이유를 제시하도록 요구하거나 필요하면 차별과 관련된 법적 조치를 고려할 수 있다.

이렇게 특별한 보호까지 받는 중년들은 그럼 다 어디로 갔을까? 사실 이 점에 대해서 십여 년을 실리콘밸리에서 일한 나도 정확한 답을 모르겠다. 물론 업계의 젊은 사람들을 선호하는 분위기는 개인적인 경험으로 봐도 뚜렷이 보인다. 또 다른 이유로는 중년들이 자발적으로 어느 정도 경력이 쌓이면 실리콘밸리를 떠나기 때문이 아닌가 싶다. 꼭 이곳의 일하는 분위기 때문이 아니라도 많은 중년들이 실리콘밸리를 떠나 물가도 안정되고 환경도 더 좋은 곳으로 이주를 택한다. 실제로 내 주변에서도 고학년 자녀들을 둔 친구들은 자녀의 학교나 다른 여러 가지 이유들로 실리콘밸리를 떠나 다른 지역으로 이주했다.

코로나19 사태 이후 조금 달라진 점이 있다면, 예전 같으면 이렇게 실리콘밸리를 떠나 새로운 지역에서 일하고 있을 중년들이 이제는 재택근무를 통해 회사를 계속 다닐 수 있게 되었다는 점이다. 아무래도 나이에 대한 실리콘밸리의 이야기들도 재택근무가 허용되고 나서 조금 바뀌지 않을까 예상된다. 굳이 실리콘밸리에 살지 않아도 계속 일할 수 있으니 나이가 들어도 실리콘밸리에 남는 사람들은 점차 늘 것 같다.

아무래도 이곳은 여기서 태어나고 자란 사람들보다 미국의 다른 지역 또는 외국에서 일자리를 찾아온 사람들이 많기 때문에 어느 정도 경력을 쌓은 후 본인이 살던 곳으로 돌아가기를 선호하는 사람들이 많은 것은 사실이다. 실제로 내가 아는 한국인들 중에도 실리콘밸리의 경력을 바탕으로 한국에서 창업을 하거나 컨설팅 등의 목적으로 한국으로 돌아간 사람들이 꽤 있다.

실리콘밸리의 고물가와 계속해서 치솟는 월세 그리고 나아지지 않는 치안 문제를 뒤로하고 조금 여유로운 다른 지역으로 이주하는 친구들이 가끔은 부럽기도 하지만, 그래도 아직은 여기서 젊은이들과 함께 자전거를 타고 시내를 돌아다니며 사는 게 좋다.

3

실리콘밸리에서는 실수해도 안 잘려

 나도 내가 작업한 앱에서 오류를 내서 사용자에게 불편을 끼쳤을 때가 많다. 작게는 버튼을 눌렀는데 주문서가 다음 단계로 진행되지 않는다든가, 아니면 사용자가 공을 들여 작성한 요청서가 저장되지 않아서 다시 써야 하는 상황이 될 수도 있다. 사용자의 입장에서는 보통 화가 나는 일이 아니다. 이 앱은 다시는 안 쓰겠다며 앱을 스마트폰에서 지워 버릴 수도 있고, 앱스토어나 구글플레이에 들어가서 우리 앱이 엉망이라고 리뷰를 남길 수도 있다. 이러면 내가 한 작은 실수가 회사에 정말 큰 손해를 불러오기도 한다. 가령, 회사에서 큰돈을 주고 인스타그램이나 구글에 앱 광고를 해서 사용자들이 물밀 듯이 밀려오는데, 가입 신청 버튼을 누르면 계속 오류가 난다? 이러면 수천만 원의 광고료도 버리고 앱의 평판도 나빠진다. 그래서 앱을 만드는 사람들은 새로운 기능을 추가하거나 새 버전을 출시하기 전 여러 번에 걸쳐 테스트를 한다. 그리고 이런 과정에서는 앱을 만드는 개발자뿐만 아니라 여러 명의 사람들이 참여한다. 버튼을 하나 만들거나 웹사이트의 색을 하나 바꿀 때도 개발자가 코드를 쓰고, 개발자 동료들이 쓴 코드를 봐주고 수정도 하고, 품질 관리팀이 여러 가지 기계로 테스트도 한다. 출시도 한 번에 하는 것이 아니라 나누어서 하기 때문에, 혹시 앱에 문제가 발생해도 전체 이용자가 아닌 제한된 이용자에게만 영향이 간다. 이래서 가끔 똑같은 앱을 쓰더라도 나는 아무런 문제가 없는데 내 친구는 계속해서 오류가 나는 경우가 생기는 것이다.

이런 체계적이고 복잡한 절차를 거쳐서 새 기능, 새 버전의 앱이 출시된다. 이렇게 준비를 해도 실수는 나오게 마련이다. 실리콘밸리의 대기업들이 뉴스에 날 만큼 큰 오류를 내면, 경우에 따라서 그 손해는 그 회사의 서비스를 사용하는 다른 회사들에게까지 영향을 미친다. 가령 우리 회사가 A 회사의 데이터베이스를 사용하는데, 그 회사 서버에 문제가 생기면 우리 웹사이트도 오류가 나는 것이다. 1년에 한두 번쯤은 짧게는 몇 분에서 길게는 몇 시간 동안 이런 일이 일어난다. 그럼 우리와 같은 처지의 회사들은 그 서비스가 고쳐질 때까지 기다닐 수밖에 없다. 이런 때 친구들이랑 삼삼오오 커피를 마시러 나간다. 그러면 주위에 A 회사의 서비스를 쓰는 다른 회사 직원들도 줄줄이 나와서 잠깐의 휴식을 즐긴다. 카페에서 들리는 대화는 다 A 회사의 서비스에 관련된 이야기다. 이럴 때면 옆자리 다른 회사에서 일하는 사람들과도 거리낌 없이 이야기를 시작한다. A 회사 서비스의 장단점, 지난해에 있었던 큰 문제 등 무슨 IT 콘퍼런스에 온 것처럼 서로 둘러앉아서 각 회사가 가진 기술적인 문제 또는 실리콘밸리에서 요즘 일어나는 재미있는 일화나 소문 등 시간 가는 줄 모르고 이야기꽃을 피운다. 이렇게 이야기가 무르익을 때쯤 A 회사에서 문제를 해결했다고 SNS나 그 회사의 서비스 모니터 앱을 통해 알림이 온다. 그리고 얼마 후 회사에서 문제에 대한 공식 해명서를 낸다. 그럼 우리는 눈을 크게 뜨고 해명서를 읽는다. 우리도 궁금하다. 누가 오류를 냈는지!

    이렇게 큰 오류를 내거나 아니면 회사에 막대한 손해를 불러온 실수를 해도, 여기서는 실수 때문에 직장을 잃는 경우는 별로 없다. 보통 큰 오류가 나면 여기서는 어떻게 하면 다음에는 이런 실수를 하지 않을까에 더 집중한다. 아무리 낮은 직급의 직원이라도 보통 실수를 한 사람이 주도하여 보고서를 작성한다. 우리는 이런 작업을 사후 조사Post-mortem라고 한다. 사건이나 문제가 생겼을 때 왜 이런 문제가 발생했는지, 어떤 문제가 발생했는지 또 무엇을 개선해야 다시는 이런 일을 막을 수 있을지에 관한 조사다. 그저 문제를 일으킨 사람을 질책하는 것과는 차원이 다르다.

앞에서도 말했듯 새 기능 또는 새 코드가 정착하기 위해서는 한 사람의 노력만 필요한 게 아니다. 여러 명의 노력과 시간이 들어가기 때문에 문제가 일어났을 때 누구 한 사람을 탓하는 경우는 드물다. 내가 쓴 코드가 오류가 나서 문제를 일으켰어도 코드를 쓴 개발자인 나는 문제의 한 부분에 불과하다. 코드를 봐 준 사람들, 테스트한 사람들, 또 얼마나 큰 문제였나에 따라서 전체적으로 새 기능을 도입하는 전 과정이 도마 위에 오를 수 있다.

어떻게 해서 잘못된 코드가 테스트를 통과했을까? 어떻게 해서 이 코드를 검토한 사람들은 이런 오류를 발견하지 못했을까? 품질 관리 과정에서는 왜 이런 오류가 나지 않았을까? 우리 앱을 모니터하는 장치들은 왜 오류를 빨리 발견하지 못했을까? 이런 사후 조사 과정을 주도하는 사람은 이 일을 통해서 반성의 시간과 약간의 송구스러운 마음은 가질 수 있겠으나 과정을 마무리한 후에는 이 분야에서 나름의 전문가가 되기 마련이다. 회사의 입장에서 이런 사람을 내보낼 이유가 없다. 물론 나쁜 의도로 문제를 일으켰거나 몇 번이나 비슷한 문제를 일으킨 적이 있는 사람이라면 당연히 처벌이 가해질 수 있다. 그러나 그런 경우가 아니라면 여기서는 실수가 해고로 이어지는 일은 극히 드물다.

이렇게 실수를 탓하지 않고 남의 탓을 하지 않는 문화가 있어서 그런지, 여기서는 사람들이 별로 두려움 없이 일한다. "혹시 문제가 생겨도 한번 해 보자!" 같은 식으로 프로젝트가 진행되고, 개발자들도 약간의 위험은 감수하고 우선 해 보자는 식으로 문제에 대한 방법을 제시한다. 물론 회사가 돈 거래 앱이나 중요한 문서 등이 오가는 한 치의 실수도 용납할 수 없는 정확성을 요하는 제품을 만든다면 당연히 이런 문화가 있어서는 안 된다. 이런 특수한 경우를 제외하면 여기서는 웬만하면 위험을 감수하고 도전하자는 결론이 난다.

여기서는 복잡한 결재 절차나 윗선의 허가 없이 소수의 동의나 팀의 결정만으로 업무가 이루어지는 경우가 많다. 위에서부터 차례로 결재를 받고 여러 명의 동의를 받아야 하는 전통적인 대기업들을 다니다가 실리콘밸리에 오면 이렇게 빨리 진행되는 프로젝트 사이클에 적응 못 하는 사람들도 많다. "그냥 한번 해 보자!"라고 하는 것도 연습과 적응이 필요하다. 그리고 이런 일이 가능한 것은 물론 시간을 앞다퉈 제품을 출시해야 하는 시장 생태계 때문이기도 하지만, 빠르게 결정을 내리면서 위험을 감수하길 좋아하는 이곳의 기업 문화 덕이기도 하다.

많은 결정이 팀 단위나 부서 단위로 빠르게 이루어지는 실리콘밸리에서는 회사 내 여러 다른 팀들과의 끊임없는 대화와 프로젝트의 성과 관리가 중요한 성공의 요인이다. 그래서 실리콘밸리에서는 직원들 간의 효과적인 대화를 도와주는 슬랙Slack 같은 협업 툴이나 프로젝트들 간의 의사소통, 부서나 개인 간의 책임이나 결정을 기록하고 도와주는 프로젝트 매니지먼트 소프트웨어들이 없어서는 안 될 중요한 도구로 이용된다. 또 회사들은 팀과 부서들의 단합을 돕는 여러 행사들을 진행하기도 한다. 이런 노력들이 빠른 결정 그리고 그 결정을 실행하는 과정에서 올 수 있는 여러 문제들을 줄이고 전체적인 프로젝트의 흐름을 돕는다.

효율적으로 빨리 결정을 내리는 문화 그리고 위험을 감수하고 도전하는 문화가 자리 잡으면 발전과 혁신이 금방 이루어지는 것은 자연스러운 일이다. '나중에 문제가 생기면 그때 처리하자'라는 사고방식은 실리콘밸리를 빠르게 앞서가게 한 힘이라고도 볼 수 있다. 그래서 예상되는 위험을 심도 있게 고려하고 옳은 판단을 하기 위해 여러 가지 방안을 모색하기보다는, 성과를 위해 무조건 밀고 나가는 식의 경영을 권장하는 문화가 여기서는 뿌리가 깊다. 이곳에서는 누구보다 빨리 더 크게 제품을 출시하는 데 집중하다 보니 이렇게 위험 부담을 잘 관리하고 최소화하는 사람들이 찬사를 많이 받는 것도 어느 정도 사실이다. 가령 팀에서도 많은 사람들이 여러 일들의 위험성에 대해서 걱정하고 머뭇거리고 있을 때, 이런 위험을 딛고서라도 한번 해 보자고 다른 사람들을 설득시켜서 일을 빨리 마무리하는 사람들이 회사 입장에서는 당연히 반갑다. 그리고 또 이렇게 위험 감수가 일상화되고 이런 사람들이 대접받는 문화가 만들어지면 조직은 더 빨리, 더 효율적으로 결정을 내리고 일을 착수하기를 기대한다. 그러나 이런 문화가 다 좋은 결과를 부르는 것만은 아니다. 가끔은 앞뒤 가리지 않는 무모한 결정이 회사에서 일하는 사람들뿐만 아니라 투자자나 소비자들에게까지 피해를 주는 경우도 있다. 사회에 물의를 일으키거나 제품의 실패 후 해당 회사의 경영진과 제품 개발 과정 등이 공개되면, 주로 이런 식의 '위험을 감수하는 문화'가 조직 속에 크게 자리 잡고 있는 경우나 '우선 해 보자'를 강조하는 리더들이 회사를 경영하고 있는 경우가 많다.

실리콘밸리에서 우리가 자주 쓰는 말이 있다. '될 때까지 그런 척하면 그렇게 된다 Fake it until you make it'라는 말이다. 이런 문화가 가끔은 위험을 감수하는 선에서 그치지 않고, 과장이나 거짓말이라도 해서 우선은 출시하자는 식의 일 처리로 이어지기도 한다. 엘리자베스 홈즈가 창업한 의료 기술 회사 테라노스 Theranos가 좋은 예다. 소량의 혈액 샘플로 다양한 질병을 빠르게 진단할 수 있는 기계를 발명했다고 했지만, 알고 보니 타사의 기계를 사용해서 혈액 검사를 한 것으로 밝혀졌다. 이 사건은 홈즈가 감옥에 가는 것으로 마무리가 되었다. 또 2020년 상장 폐지로 이어진 전기, 수소 트럭 회사 니콜라Nikola는 작동도 하지 않는 트럭을 언덕에서 굴려서 마치 운행하는 듯한 동영상을 사기 투자 홍보에 썼다. 마지막으로 인사 관리 앱을 만드는 제네핏Zenefits은 보험 중개 면허가 없는 직원들이 앱을 통해 보험을 팔아 제재 명령을 받았다. 이런 예들은 '무조건 빨리, 무조건 출시'를 지향하는 실리콘밸리 문화의 어두운 면이다.

이런 국제적으로까지 알려진 사례들이 있는가 하면 수많은 회사들과 개인들이 가상화폐나 블록체인 기술 등을 빙자해 수년 동안 많은 돈을 받고 잠적하거나 파산한 사례들도 많다. 밖에서 볼 때는 이런 회사에서 일하는 사람들이 사기꾼이나 도덕성이라고는 전혀 없는 파렴치한 인간들이라고 생각하지만, 이런 회사 직원들 중에는 카리스마 넘치고 모든 이들에게 찬사를 받는 회사 경영자가 제시하는 비전을 믿고 따른 보통 사람들*인 경우도 많다. 물론 이렇게 창업자가 감옥에 가거나 파산한 후 언론에 관심을 많이 받는 경우도 있지만, 대부분의

- https://www.cnbc.com/2021/08/27/former-theranos-employees-are-still-shaken-as-elizabeth-holmes-trial-looms.html

이런 어두운 실리콘밸리의 이야기들은 그저 또 하나의 실패한 스타트업으로 묻히는 경우가 대부분이다. 또 이런 일들이 소수의 스타트업에서만 있을 것이라고 생각하는 것은 큰 오해다. 실리콘밸리 대기업들 중 이런저런 크고 작은 법적인 문제에 휘말리지 않은 회사가 없다. 사용자 정보 보안 위반, 노동법 관련 분쟁, 각종 세금 관련 문제, 공정성에 관한 문제, 국내외 특허를 둘러싼 여러 법률 문제 등 실리콘밸리의 기업들은 끊임없이 개인, 기업들, 국가들과 법적 사투 중이다. 실리콘밸리에 생각보다 많은 숫자의 변호사나 법조인들이 일하고 있는 이유가 바로 회사들이 대면하고 있는 각종 법률문제 때문이기도 하다.

실리콘밸리 경영 스타일이 빠른 결정력과 위험을 감수하더라도 한번 해 보자는 분위기를 유도한 것이 사실이다. 회사에서 경영자나 지도급 인사들을 뽑을 때도 이러한 진취적인 사람들을 선호하는 경향이 강하다. 기존의 하향식 Top-down 경영을 벗어나 효율적인 결정력을 선호하는 문화는 한편으로는 책임과 위험을 나누면서 내 동료의 잘못도 서로 나누고 함께 다독이면서 일할 수 있는 좋은 문화도 만들었지만, 다른 한편으로는 이것저것 따지지 말고 한번 해 보자는 식의 카우보이 지도자들이 넘쳐나는 문화를 자리 잡게 하기도 했다. 실리콘밸리의 성공 뒤에는 이렇게 어두운 면들도 존재한다.

물론 실리콘밸리의 모든 회사들이 다 이런 것은 아니다. 손익을 생각해서라도 요즘은 이런 실리콘밸리의 실수들을 교훈 삼아 최고 경영자들이 나서서 조금 더 조심히, 순간의 이득보다는 조금 더 멀리 보는 결정을 하자고 업계에서도 자각의 소리가 높아지고 있다. 회사 내 직원들이나 관리자들의 모임에서도 이런 사례들을 검토하고 배우려는 노력이 한창이다. 너무 빨리 가려다 오히려 사라져 버린 수많은 스타트업들의 사례들이 준 교훈 덕이다.

4

술이 덜 깨서
오늘 회의는
빠질게요

　내가 처음 실리콘밸리에서 놀랐던 것은 회의 시간에 사람들이 늦으면 너무 솔직하게 늦은 이유를 말하는 것이었다. 회의 시간에 15분 늦게 들어와 "어젯밤에 술을 너무 과하게 해서" 또는 "점심시간에 맥주 한잔하면서 이야기하다가 시간 가는 줄 몰랐다" 같은 솔직한 이유들을 능청맞게 말하는 것을 듣고 처음엔 너무 놀랐다. 그뿐이 아니다. 일을 하다가 숙취 때문에 오늘은 회의에 못 가겠다고 아무렇지도 않게 거절하는 사람들도 있다. 그러면 사람들은 또 별말 없이 너그러이 봐준다. 여기서는 술을 먹고 늦든 아이가 아파서 늦든 그 이유는 별로 중요하게 생각하지 않는다. 물론 거짓 없이 솔직하게 말하는 이곳의 젊은이들이 신선하다고 할 수도 있겠지만, 술 문화를 너무 아무렇지 않게 받아들이는 여기 문화도 이런 솔직함에 기여를 한다.

번데기 앞에서 주름잡는다고 술 마시는 문화야 한국을 따라갈 수 없겠지만, 여기서도 술은 빼놓을 수 없는 문화 중 하나다. 실리콘밸리에서는 보통 많은 회사들이 사내에서 술을 마시는 것을 허용하거나, 직원들 간 친밀도를 높이기 위해서 오히려 권장하는 곳도 많다. 물론 실리콘밸리의 모든 회사들이 다 그렇지는 않겠지만, 점심시간에 맥주 한잔쯤, 일이 끝나거나 한가할 때 또는 볕이 좋은 날 삼삼오오 회사 안팎에서 한잔씩 하며 일하거나 회의하는 것은 여기서는 흔한 일이다. 회사마다 냉장고에 술을 구비해 놓거나 규모가 좀 있는 회사에서는 사내에서 무료 술집을 운영하는 곳도 많다.

그래서 실리콘밸리에서 일하는 사람들은 더 오랫동안 회사에 머무른다. 일이 끝나고 회사 안에서 마시면 다른 사람들이 들을까 봐 걱정할 필요 없이 큰 소리로 제품이나 이용자들에 대해 이야기할 수도 있고, 내가 항상 일하는 직원들뿐만 아니라 다른 부서나 다른 직급의 사람들과도 자연스럽게 친분을 쌓을 수 있다. 이래서 우리는 한번 출근하면 회사 밖으로 나갈 일이 별로 없다. 회사에서 식사도 제공하고 일 끝나면 술도 마실 수 있으니 굳이 밖에 나가서 돈 들이며 마실 필요가 없기 때문이다. 대기업들은 술집뿐만 아니라 회사 안에 카페, 음식점, 오락실을 운영하는 곳도 있고 운동 시설이나 수면실을 만들어 놓은 곳도 많다. 이런 실리콘밸리의 친절하고 직원들을 배려하는 정책이 직장인의 낙원 같은 이미지를 준 것도 사실이다. 실제로 실리콘밸리의 크고 작은 회사들을 가 보면 이곳이 일터인지 놀이터인지 알기 어려울 만큼 자유롭고 창의적으로 사무실과 시설을 제공하는 곳이 많다.

아주 대놓고 근무시간에 자유롭게 술을 마실 수 있는 기회도 있다. 해피 아워 happy hour 라고 하고 여기서는 꽤 흔한 일이다. 정해진 시간에 같이 일하는 팀이나 부서가 모여서 시간을 보내는 것이다. 팀이나 회사마다 진행 방법은 다르지만 함께 게임을 하기도 하고, 정해진 주제 없이 팀의 친목 도모를 위해 함께 자유롭게 시간을 보낸다. 그래서 보통 금요일 오후에 해피 아워를 하는 경우가 많고 이럴 때 당연히 술이 빠질 수가 없다.

몇 시간이 아니라 며칠 동안 사무실이 아닌 호텔이나 휴양지 등에서 회사 동료들끼리 모여 같이 회의나 근무를 하는 제도인 오프사이트 Offsite 를 하는 회사들도 많다. 물론 주요 목적은 팀이나 부서 간 친목 도모지만 어떤 회사들은 엄청난 돈을 쓰고 화려하게 행사를 지원해서 직원 복지처럼 여겨지기도 한다. 그래서 가끔은 실리콘밸리 안에서도 이렇게 화려한 행사들에 곱지 않은 시선이 꽂히기도 한다.

실리콘밸리의 화려한 오프사이트 문화를 비판하는 링크드인 글

    꼭 점심시간이나 일이 끝나고 난 뒤뿐만 아니라 여기서는 자기 일만 잘 수행하면 사무실에서 일하면서 술 마시는 것쯤은 대수롭지 않게 생각하는 것이 일반적이다. 물론 회사마다 정책이나 문화가 다르기 때문에 모든 회사들이 이렇다고 말할 수는 없지만, 일반적으로 실리콘밸리는 술에 관대한 편이다. 직원들이 자기 책상에 위스키나 보드카 등을 두고 일이 잘 안되거나 기분 전환을 하고 싶을 때 마시던 커피나 음료수에 술을 타서 마시는 일은 놀랄 일도 아니다.

    몇 달 전 친구 하나가 다른 회사로 이직한다며 퇴사 마지막

날 자기 책상 비우는 것을 도와달라고 부탁했다. 그 친구의 회사가 우리 회사와도 가깝고 그 회사의 분위기도 궁금해서 난 흔쾌히 도와주겠다고 했다. 나는 친구 책상에 책이나 노트, 모니터 정도만 있을 거라고 생각했는데, 제빙기와 미니 냉장고까지 책상 아래 구비하고 있더라. 미니 냉장고를 열어 보니 호텔 방 냉장고처럼 종류별로 술병과 음료수 병들이 가득 차 있었다. 내 친구가 특히 술을 좋아하기도 하지만 이 회사는 근무시간에 쓴 코드가 품질 검사 때 퇴짜를 맞으면 한잔씩 하는 게 관습이란다. 사무실에 걸린 '품질 검사에서 살아남은 지 _일째 No CI Failure Since _' 포스터를 보고 얼마나 웃었던지, 친구는 이직하는 회사에서도 이렇게 즐겁게 일할 수 있을지 걱정이라며 냉장고와 제빙기를 낑낑대며 차에 실으면서 멋쩍게 웃었다.

심지어 면접 중에도 술을 권유받는 사례가 있다. 특히 스타트업에서는 마지막 면접이 끝나고 늦은 오후가 되면 면접자에게 팀 직원들과 한잔하고 가라고 은근히 부추긴다. 여기서는 이런 '팀과 함께 맥주 한잔'을 마지막 면접 절차로 사용하기도 한다. 회사 밖에서 하는 콘퍼런스나 크고 작은 채용 이벤트 등도 마찬가지다. 술 없이는 행사가 안 돌아갈 정도다.

회사 내에 술집이 있다고 해서 매일 남아서 술을 마셔야 할 필요는 없다. 술을 좋아하고 사람들과 같이 마시는 분위기를 좋아하는 사람들이야 매일 마셔도 상관없지만, 이런 문화를 좋아하지 않는 사람들에게 강제로 마시라고 권유하지는 않는다. 강압적인 분위기는 아니더라도 회사나 팀 전체 분위기가 술을 같이 마시는 것을 좋아하고 술자리도 많기에, 매번은 아니라도 좋든 싫든 한두 번은 낄 수밖에 없다. 또 일에 대한 진지한 대화나 결정이 이런 술자리에서 이루어지면 더욱이 이런 자리에 끼지 않은 사람들은 소외감이 들 수밖에 없다. 술자리에 끼지 않으면 진급이나 회사 내에서의 영향력도 자연히 걱정이 된다.

 채용 시 회사의 입장에서 기존의 문화에 잘 적응하고 팀의 가치와 비슷한 관점을 가진 사람들을 선호하는 것은 당연히 이해할 수 있는 점이다. 그래서 면접 중 간단하게는 "왜 우리 회사에 지원했나" 또는 "본인이 가장 이상적으로 생각하는 회사나 일은 어떤 것인가" 등을 묻는다. 이런 질문은 여기서는 행동 면접 Behavioral Interview의 한 부분으로 조직의 문화 적합성 Culture Fit을 보는 것이다. 문제는 많은 회사나 면접관들이 이런 문화 적합성을 '이 사람이 우리와 비슷한 사람인가?'로 잘못 해석하는 것이다. 그래서 우리처럼 술을 마시면서 일하지 않을 것 같은 사람들, 예를 들면 여성, 고령자 또는 인종이나 문화가 다른 지원자들에게 문화 적합성을 이유로 채용을 거부하는 것이 가끔 문제로 지적된다.

실리콘밸리의 술 권하는 문화는 또 다른 어두운 면이 있다. 실리콘밸리 전반에 만연한 브로 컬처Bro Culture, 한국으로 치면 군대나 축구 얘기를 해야 낄 수 있을 듯한 남성 중심 문화가 이런 술 문화와 연계된 것도 실리콘밸리에서는 오랫동안 지적되는 사항이다. 아무래도 술을 마시면서 자연스럽게 생기는 우호적인 친목, 서로를 돕고 이해하려는 형제 같은 친밀감이 이들과 조금이라도 다른 사람들이 조직에 끼는 것을 거부하는 현상으로 이어질 수 있다. 내 경험으로 봐도 실리콘밸리에 브로 컬처가 있는 것은 어느 정도 사실이다. 물론 브로 컬처가 실리콘밸리에만 있는 것은 아니지만, 여기서도 이런 문화가 자주 목격된다. 특히 작은 스타트업이나 젊은 남성 직원들이 대다수인 곳에서 이런 일이 잦다.

크게 문제가 되지 않는 선에서는 술을 적당히 마시면서 일하는 것도 나쁘지는 않다. 또 이런 자유로운 환경에서 일하면 일의 능률도 오르고 팀과 화합도 잘할 수 있다. 이런 문화도 잘 사용하면 성과는 물론 직원들의 회사에 대한 만족도도 높아진다. 무엇보다 나는 가끔 술 한잔씩 하면서 일할 때 이렇게 일할 수 있는 자유에 취하기도 한다.

Chapter 4

**경쟁하지 않고
맛보는
성공**

1

파이를 자르지 말고 그냥 더 구워

영어에서는 보통 재산이나 이윤을 비유하는 단어로 파이Pie를 많이 사용한다. 우리에게는 익숙한 속담이나 교훈에 떡이 많이 나오는 것처럼, 여기서는 많은 인용문이나 경제학 용어에 파이를 쓰는 경우가 많다. 고정된 파이의 오류Fixed pie fallacy라는 용어는 경제학이나 사회학에서 많이 쓰는데, 자원이나 이득이 한정되어 있다고 착각하는 현상을 뜻한다. 쉽게 설명해서 한 사람이 큰 쪽의 파이를 가져가면 나머지 사람들에게 돌아가는 파이의 몫이 작아진다는 믿음이다. 이는 자원이나 이득이 고정되어 있고 확장하거나 성장할 가능성을 전혀 고려하지 않은 생각으로, 한쪽의 이득이 다른 쪽에게는 손해라고 여기게 된다. 이와 비슷한 개념으로 요즘 실리콘밸리 경영을 이야기할 때 많이 듣는 제로섬게임Zero-Sum Game이라는 말이 있다. 이 역시 모든 이익과 손해를 합치면 0, 즉 '제로'가 된다는 믿음이다. 한 사람이 하나를 가져가면 다른 사람은 하나를 잃는다는 뜻으로 역시 한쪽의 이득이 다른 쪽의 손해를 의미한다. 그래서 앞에 부정인 논Non을 붙여서 논제로섬게임Non-Zero-Sum Game, 즉 이익과 손해를 합치면 0이라는 잘못된 생각을 극복하는 경영이 요즘 실리콘밸리 성공의 이유로 많이 거론된다.

여기까지 들으면 왜 제로섬게임이 잘못된 생각이냐고 반문하는 사람도 있을 것이다. 당연히 이런 원리가 적용될 때도 많다. 보통 경제학이나 사회학에서는 그럴 필요가 없는 상황에서도 이런 원칙을 믿고 그에 맞춰서 행동하는 것을 문제로 지적한다. 제로섬 게임을 믿는 사람이 조직이나 사회에 많으면 분위기는 경쟁적이 될 수밖에 없다. 내가 얻는가 아니면 남에게 뺏기는가의 기로에 선 이들은 항상 나의 이익을 우선시하고 남들과 협력도 잘 안 한다. 어떻게 해서라도 자신의 몫을 더 크게 만드는 데 집중하기 때문에, 자연히 자신이 가지고 있는 지위나 부를 지키려는 경향도 강하다. 다른 사람들과 자원을 공유하면 내 몫이 적어진다고 믿기 때문이다. 그래서 이러한 사람들이 많아지면 경직되고 경쟁적인 분위기를 만들 뿐만 아니라, 혁신과 창의성을 거부하는 분위기를 만들 수도 있다. 새로운 가능성을 탐구하고 참신한 아이디어를 받아들이려면 현재 확보된 자원을 투자하거나 재분배해야 하는 상황이 요구되기 때문이다.

무엇보다 이런 가치관을 가진 사람들과 일하기 힘든 이유는 이들은 항상 사회를 '우리와 그들' 또는 '가진 자와 아닌 자'로 갈라놓기 때문이다. 이런 사람들은 사회경제적으로 비슷한 위치에 있는 사람들끼리만 협력함으로써 자기들만의 이익을 보호하려 하는 성향이 강하다. 그래서 상호 협력적인 해결책을 찾는 걸 반대하거나 모두에게 이익이 되는 결정을 거부하기 쉽다. 타인의 이익을 곧 자신의 손해로 해석하기 때문이다.

물론 이러한 믿음이 전혀 근거가 없는 것은 아니다. 어디서 살아가느냐, 어느 시대를 살아가고 있느냐에 따라 정도의 차는 있겠지만 우리는 좋든 싫든 어느 정도는 이런 한정된 자본이라는 테두리 안에서 살아간다. 수많은 성적표에 쓰여 있는 등수, 대학 입학 시 정해진 정원, 신입 사원 채용 인원, 공무원 시험 경쟁률, 이번 분기 승진하는 사람들의 숫자, 부서마다 정해진 보너스 금액 등 우리는 이렇게 제한된 자원을 가지고 경쟁하는 데 길들어 있다. 이렇게 자원은 제한되어 있다는 믿음에 오랫동안 노출된 사람들일수록 더 경쟁할 수밖에 없고, 다른 사람들과 협력하기 힘든 것은 너무나도 당연한 일이다.

실리콘밸리는 조금 다르다. 특수한 상황을 제외하고는 여기서는 '고정된 파이'의 개념이 당연한 것으로 여겨지는 경우가 드문 편이다. 채용 방식이 그 좋은 예다. 여기서는 신입 사원을 한번에 많이 뽑기보다는 1년 내내 뽑는 회사들이 많다. 물론 요즘 들어서 신입 채용이 많이 줄어들기는 했지만, 여기서는 오랫동안 많은 회사들이 사업을 확장하고 새 일자리들이 늘어난 덕에 우리가 원하는 사람을 면접에서 만나면 우선은 고용을 하고 보자는 주의였다. 두 명을 채용할 계획이었는데 세 명이 마음에 들면 세 명을 뽑고, 더 확장할 수 있는 사업이나 제품을 고안해 내는 게 실리콘밸리의 채용 방식이었다.

한 팀에서 여러 명이 두각을 나타내면 모두 승진을 시키고, 여러 팀이 생각보다 더 좋은 성과를 내면 팀 모두에게 보너스가 돌아갔다. 실리콘밸리에 투자금이 넘쳐난 오랜 기간에 기업의 입장에서는 사업을 늘리고 제품을 더 개발하면 더 많은 이윤이 나왔기 때문이다. 그래서 우리는 경쟁 대신에 협력해서 다 같이 큰 파이를 먹는 것이 몸에 뱄다. '파이가 모자라면 더 구우면 되지'라고 생각하지 내 몫을 생각해서 남에게 파이를 적게 주는 건 여기서는 의미가 별로 없다고 여긴다. 그래서 이곳은 예상외로 경쟁 심리가 다른 곳에 비해서 적은 편이다. 물론 여기서도 가끔 경쟁심이 있는 사람들을 본다. 그러나 여기서는 이런 사람들이 살아남기 위해 경쟁을 한다기보다는, 경쟁 자체를 좋아하는 개인적인 성향으로 여기거나 본인 스스로가 정해 놓은 목표를 좇는다고 생각하는 경향이 크다.

　회사들도 마찬가지다. 어떤 철학을 가지고 있느냐에 따라 회사의 정책들이 달라진다. 예를 들어서 어떤 회사들은 보너스 책정 시 팀의 성과는 별로 고려하지 않고 개인적인 성과를 중점으로 본다. 반대로 회사의 전체적인 성과가 좋으면 개인적인 보너스보다는 정해진 금액을 골고루 모든 이들에게 분배하는 정책을 쓰는 회사들도 있다. 이런 분배식 보너스 정책이 모든 사람에게 다 환영받는 것은 아니다. 아무리 내가 혼자서 열심히 일해도 남들과 그 성과를 나누는 것이 못마땅한 사람들은 오히려 이런 '너도 좋고 나도 좋은' 보너스 체계를 좋아하지 않는다. 반면에 속 편하게 모두가 같이 일해서 같이 좋은 성과를 누리는 것을 선호하는 사람들은 이런 정책을 환영할 수밖에 없다.

　물론 보상 체계 하나만으로 회사의 전체 문화를 파악하기는 힘들지만, 아무래도 개인의 성과에 따라 보너스가 크게 달라지는 회사에서는 직원들이 자신의 성과를 중요시할 수밖에 없다. 보너스는 회사마다 조금씩 차이가 있지만, 여기서는 보통 인원수와 상관없이 성과가 좋은 직원들이 많은 경우 경쟁 없이 거의 모두 보너스를 받는다. 투자자들이 넘쳐나고 최고 관리자들은 엄청난 액수의 보너스를 받으면서, 일 잘하는 직원에게 보너스는 못 주겠다는 논리가 이곳에서는 별로 타당

급여 종류	예상 급여(연봉)	예상 급여 범위	총급여에서 차지하는 비율
기본급(Base Pay)	131,657달러	119,000~146,000달러	71%
보너스(Bonus)	22,934달러	17,000~32,000달러	12.4%
주식(Stock)	30,800달러	23,000~43,000달러	16.6%
합계	185,391달러		

Glassdoor에서 예로 제시한 회사의 기본급, 보너스, 스톡옵션의 비율

성과 등급	가산되는 금액(기본 급여 대비 %)
예상을 초과(Exceeds Expectations)	4~6%
예상과 일치(Meets Expectations)	3~5%
예상에 미흡(Below Expectations)	0~2%

보너스 구조 예시•

하게 여겨지지 않기 때문이다. 또 회사가 내 일에 대한 보상을 제대로 하지 않을 땐 다른 곳으로 가면 된다는 심리가 이곳에서는 팽배한 이유이기도 하다.

• https://www.barley.io

그렇다고 무턱대고 다 보너스를 줄 수는 없는 일이다. 앞에서 보는 예시가 실리콘밸리에서 가장 흔하게 보는 보너스의 구조다. 본인의 업무 성과에 따라 이렇게 세 등급으로 가려지는 경우가 흔하다. 이런 개인의 성과에 따라 6%에서 0%까지 본인의 기본 급여에 보너스가 더해진다. 어떤 회사는 조금 더 복잡하게 보너스 구조를 설정한 곳도 있다. 가령 최고 등급의 보너스는 팀 내에서 10%만 받을 수 있다는 식으로 인원을 제한하는 것이다. 비단 보너스뿐만 아니라 주식 배당금이 성과에 따라 더 지급될 수도 있다. 이런 것을 주식 보너스Stock Refresher라고 하고 이것 역시 회사와 본인의 실적에 따라 차등 지급된다. 여러 회사가 보너스나 주식 배당금을 적절히 활용해 성과가 좋은 직원들을 오래 머물게 하도록 노력한다.

실제로 보너스가 실제 급여의 30%가 넘는 곳도 많고 주식 보너스도 직원들 사이에 많은 차이가 날 수 있다. 그래서 보너스나 주식이 어떻게 지급되느냐에 따라 같은 직급에 있는 직원들끼리도 연봉 차이가 많이 날 수 있다. 아무리 회사마다 급여를 책정하는 방법이 달라도 이곳은 다른 곳보다는 파이가 넘치는 곳임은 분명하다. 성과가 좋은 직원들은 거의 다 좋은 대우를 받는다. 그래서 여기서는 혼자 성과를 내서 승진하려는 사람보다 팀과 함께 열심히 일해서 큰 성과를 내면 다 같이 더 큰 파이를 먹을 수 있다고 생각하는 사람들이 많다. 마이크로소프트의 CEO 사티아 나델라도 최근 마이크로소프트의 성공 비결로 모두가 '윈윈win-win'하는 논제로섬게임을 꼽았다. 이미 치열해진 경쟁 사회에서 기존의 파이만을 쪼개 먹는 사업은 성장하는 데 한계가 있다는 것이 이곳의 견해다. 그래서 실리콘밸리 회사들은 어떻게 하면 기존의 파이를 더 크게 먹을지 고민하는 것보다 파이를 더 굽자는 쪽으로 자연스럽게 생각을 바꾼 것이다.

2

여기서도
친구는
나의 큰 재산이다

실리콘밸리 전반에 걸쳐 경쟁이라는 개념이 별로 없어서 그런지, 일하는 분위기가 한국이나 다른 곳에 비해서 좀 편한 것은 사실이다. 또 일하는 사람들의 나이 차이가 적고 교육 수준이나 문화도 비슷한 사람들이 많기 때문인지, 여기서는 같이 일하는 사람들끼리 잘 지내고 또 친구가 되는 경우가 많다. 사람들이 일을 즐기고 마음 편하게 회사에 다니는 데는 돈이나 회사에서 주는 혜택만큼이나 같이 일하는 사람들이 중요하다. 굳이 〈하버드 비즈니스 리뷰〉나 갤럽 같은 크고 신뢰 있는 곳에서 발표한 조사가 아니더라도, 사회생활을 해 본 사람이라면 마음이 맞는 사람들과 함께 일한다는 것이 얼마나 큰 행운인지 동의할 것이다.

'사무실에 들어오는 순간 개인적인 삶과 감정을 문 뒤에 남기고 전문인이 돼라'는 말은, 동서고금을 막론하고 사회에 첫발을 디딘 젊은이나 오랫동안 직장 생활을 한 베테랑에게도 익숙한 일종의 사회생활의 원칙으로 알려진 말이다. 그러나 최근 몇 년간 조직의 성과나 성공을 조사한 자료를 봐서는 이런 철학이 실제로는 조직이나 개인에게 전혀 도움이 되지 않는 듯하다.

〈하버드 비즈니스 리뷰〉에 따르면 직장에 친한 친구가 있다는 것은 수익성, 안전성, 재고 관리 등 중요한 일의 성과와 강력한 연관성*이 있다고 한다. 그리고 이런 긍정적인 영향은 직원들이 직장을 추천할 확률, 긴 근무 기간, 그리고 전반적인 일에 대한 만족도와 같은 중요한 직원 관리 요소에도 큰 영향을 미친다는 것**을 보여 준다. 회사에 친구가 있어서 편하게 일을 상의하거나 문제가 생겼을 때 그 일을 숨기기보다 도와달라고 요청할 수 있는 사람이 있다는 것은, 상식적으로 봤을 때도 개인뿐만 아니라 조직 전체의 이익이 될 수 있다. 특히 이러한 점은 코로나19 이후 실리콘밸리에서 특히 더 두드러지는 것 같다. 재택 및 하이브리드형 근무의 증가와 계속되는

* https://hbr.org/2022/10/the-power-of-work-friends
** https://www.gallup.com/workplace/397058/increasing-importance-best-friend-work.aspx

정리 해고 분위기에서 직장 친구들은 변화하는 시기에 서로에게 중요한 사회적 연결, 협력 및 지원을 제공하는 생명줄이 되었기 때문이다.

이곳에서 직장 친구들은 그냥 회사 생활의 가산점 정도로 그치지 않는다. 친구들은 현실적으로도 정말 큰 재산이다. 아무래도 이직을 자주 하다 보니 친구들과 같이 회사를 옮겨 다니는 일도 흔하고, 추천 등을 통해서 서로서로 도와주는 경우가 많다. 회사에서 같이 일하던 팀 전체가 다른 회사로 이직하는 경우도 여기서는 종종 보는 일이다. 물론 이직 결정이 쉽고 빨리 이루어지는 것도 이렇게 함께 이직하는 이유가 되기도 하지만, 여기서도 이직은 도박이나 마찬가지인데 이왕이면 아는 사람들끼리 같이 움직이면 위험 부담도 줄고 연봉 협상 등에도 큰 힘이 된다. 특히 이직하려는 회사가 동종 업계이거나 비슷한 제품을 개발하려는 라이벌 회사일 때는 이런 사람들을 환영할 수밖에 없다. 그래서 여기서는 내 친구가 훨씬 좋은 회사로 이직이나 승진을 하면 질투심을 느끼기보다는 진심으로 축하한다. 내 친구가 잘되면 그 친구 덕에 언젠가 나도 잘될 수 있기 때문이다.

같은 회사 친구들끼리 자기 연봉을 공개해서 서로 더 높은 연봉을 받도록 도와주는 일도 흔하다. 예를 들어서 내 연봉이 내 친구보다 조금 더 높다면 친구가 그 사실을 가지고 매니저한테 가서 더 높은 연봉을 요구한다. 여기서는 이렇게 다른 사람의 급여 정보로 내 연봉을 협상하는 것을 이상하게 보지 않는다. 연봉이나 급여가 공개되는 것이 워낙 일반화가 되어서 그렇다. 한국에서도 요즘은 연차에 따른 특정 회사 연봉, 공무원 급여 등의 자료를 찾으려면 다 찾을 수 있지만, 여기서도 여러 가지 구직 및 구인 관련 사이트나 서비스 등을 통해서 연봉 관련 정보를 얻는다. 이런 정보들은 개인이 스스로 공개한 자료가 대부분이지만 데이터의 폭이 넓기 때문에 꽤 정확하다.

미국 내 여성 엔지니어들의 연봉을 공개한 자료[•]도 있다. 이런 데이터들은 보통 개인이나 친분이 있는 소수의 그룹이 자기 연봉을 공개한 자료를 시작으로 형성된 경우가 많다. 특히 이런 데이터에는 회사명, 경력, 교육 수준 등을 포함시켜서 공정성을 보여 준다. 성별뿐만 아니라 지역, 업계, 인종 등으로 분리해서 여러 가지 목적으로 이용이 가능하다. 이런 자료들을 꼭 '친구' 덕이라고 표현하기는 어렵지만, 같은 처지인 사람들끼리 연합해서 공유한 자료들은 서로를 돕는 결과를 부른다. 실제로 구글에서는 엔지니어들끼리 자발적으로 연봉을 공개한 후, 같은 경력과 교육 수준의 남자 직원들에 비해 많은 여성들이 낮은 연봉을 받고 있다며 회사를 상대로 성차

• https://swe.org/research/2023/earning-gap

별을 이유로 소송을 걸었다. 그에 대한 결과로 구글은 2013년부터 2017년까지 일한 여성 엔지니어들에게 일정 금액을 보상하는 것으로 2022년 합의*를 끝냈다. 이런 오랜 노력의 결과로 지금은 많은 실리콘밸리 회사들이 자진해서 공신력 있는 컨설팅 회사로부터 연봉이나 혜택의 공정성에 대한 조사를 의뢰하고, 그 결과를 바탕으로 연봉 체계를 개편하기도 한다.

전문 업종들의 단체나 회사 정보들을 종합해서 보여 주는 Glassdoor, Levels.fyi 같은 곳에서는 수집한 연봉 자료를 통해 이직자들이나 연봉 협상을 하는 이들을 돕는다. 실리콘밸리에서는 이력서를 쓰거나 면접에 합격하고 계약서를 쓰는 단계에서 이런 자료를 통해 회사의 연봉도 체크하지만 회사의 분위기가 좋은지, 경영자들은 믿을 만한지, 또 회사는 전망이 좋고 개인적인 성장에 얼마나 도움을 주는지 등을 꼼꼼히 본다. 물론 회사들도 지원자들이 이런 곳을 통해서 정보를 얻는다는 것을 알고 있기 때문에, 가끔은 직원들에게 별점 5개짜리 리뷰를 은근히 강요하는 회사도 있다. 물론 대기업들이야 그런 수고를 안 하겠지만, 중소기업들은 꽤 이런 평판에 민감한 편이라서 그렇다. 그래서 이곳에서는 더 친구가 있는 회사에 추천을 받고 지원하려 한다. 그래야 회사의 진면목을 조

- https://googlegendercase.com/

금이라도 더 잘 알 수 있기 때문이다. 또 요즘은 인공지능을 통해 첫 번째 관문인 서류 심사를 하는 회사들이 많아, 인터넷으로 이력서를 제출하기보다는 친구의 추천을 가지고 지원한다. 그러면 최소한 인공지능에 의한 단어 짜맞추기식 서류 심사는 건너뛰고 채용 매니저에게 직접적으로 이력서를 보낼 수 있기 때문이다.

   이런 실질적인 도움을 주고받지는 않더라도 회사에 다니면서 얻는 것은 기술, 다음 단계로 가는 경력, 고지서를 낼 돈 그리고 사람들뿐이다. 회사에 있을 때 마음 맞는 사람들과 잘 지내야지, 강제든 본인 의사든 퇴사하면 남는 것은 이력서 경력란 한 줄과 남은 돈 조금뿐이다. 아무래도 실리콘밸리 사람들은 젊은 층이 많고 또 무엇보다 가족을 떠나 혼자나 커플로 사는 사람들이 많기 때문에, 회사에 다니며 친구를 사귀기가 어렵지 않다. 그래서 예전에 어른들에게 "나이를 먹으면 친구 사귀기 힘드니 어릴 때 많이 만들어라"라는 말을 자주 듣고 살았던 나는 여기서 나이를 한참이나 먹고도 친구를 사귀려 또 애쓰고 있다.

3

미국에
뚱뚱한 사람들
다 어디 갔어?

한국에서 친구들이 실리콘밸리에 놀러 오면 다들 실망하는 점이 하나 있다. 미국 사람들은 다 뚱뚱하다는 이미지를 갖고 있었는데, 여기 와서 보이는 사람들은 다 젊고 날씬한 사람들뿐이라서 그렇다. 처음으로 미국을 방문한 내 친구 하나는 공항에서 우리 집으로 오는 길에 카카오톡으로 "야, 미국에 뚱뚱한 사람들 다 어디 갔어?"라고 물어서 얼마나 웃었는지 모른다.

미국이 오래전부터 비만과의 전쟁 중이라는 것은 누구나 다 아는 사실이다. 어떤 곳은 정상 체중인 사람들을 찾아보기도 힘들 정도다. 이곳은 스케일 자체가 다르다. 한국에서 여자 옷 사이즈로는 큰 축에 끼는 77이 미국에서는 중medium 사이즈다. 처음 미국에서 옷을 살 때 내 사이즈가 중이나 대large라고 생각하고 골랐는데, 판매원이 내 사이즈는 소small라고 해서 얼마나 놀랐는지 모른다. 미국의 다른 지역에 사는 친구들도 처음 실리콘밸리에 오면 놀란다. 어디를 가나 시간과 장소에 상관없이 사시사철 조깅하는 사람들이 보이고, 동네마다 있는 공원에선 여러 가지 스포츠와 운동을 즐기는 사람들로 붐빈다. 주말마다 산이나 들, 바다로 하이킹이나 서핑을 하는 이들도 많고 시내에 있는 헬스클럽, 요가 스튜디오들은 어디를 가나 너무 붐벼서 기계 앞에 줄을 서서 기다리고, 수업마다 숨이 막힐 정도로 사람들이 빼곡하게 찬다. 2024년 샌프란시스코가 미국에서 가장 건강한 도시로 선정된* 것은 하나도 놀랄 일이 아니다.

여기서는 나이나 직책에 상관없이 자기 관리를 능력의 한 부분으로 보는 경향도 있다. 실리콘밸리의 최고 경영자들 중에도 비만인 사람들은 많지 않다. 아무리 바빠도 시간 내서 운동도 열심히 하고, 명상을 하거나 주말에는 스포츠를 취미 삼아 즐기는 사람들도 많다. 이런 분위기 때문에 대기업 안에는 헬스클럽이 있고 그런 시설이 없는 곳은 회사 복지 차원에서 운동 시설이나 용품 구매 보조금을 따로 주는 회사들이 대부

- https://wallethub.com/edu/healthiest-cities/31072

분이다. 퍼스널 트레이닝도 인기다. 고급 헬스클럽의 퍼스널 트레이너들은 시간당 15~20만 원을 불러도 예약을 잡기 힘들다. 이곳의 기업인들 중엔 자기 관리의 끝판왕으로 알려진 이들도 많다. 몇 년 전 메타를 떠난 셰릴 샌드버그도 나이는 좀 있지만 이런 사람들 중 하나다. 세계 최고 부자 중 한 사람인 일론 머스크도 이 세상에 두려울 게 없는 것처럼 제멋대로 행동하지만 불어나는 체중 앞에서는 장사가 없다. 그의 체중 감량과 약물 복용에 관한 이야기들은 실리콘밸리는 물론 전 세계 사람들이 오젬픽이란 비만 치료제에 관심을 갖게 한 계기가 되기도 했다.

많은 사람들이 자기 관리라고 하면 몸 관리를 먼저 떠올리지만, 전문적인 일을 오래 하는 것이 목표인 사람들에겐 사실 마음의 관리도 그에 못지않게 중요하다. 내 마음이 편치 않을 때 보통 남들은 잘 모를 것이라고 생각하지만, 자기도 모르게 이런 불편한 에너지가 남들에게 전해지기 마련이다. 항상 불평불만이 많거나 다른 사람들의 좋지 않은 면만 이야기하는 사람들은 이곳에서 인정받기 어렵다. 기술직이라도 혼자만 똑똑하다고 성공할 수는 없다. 프로젝트가 완성되기 위해서는 많은 사람들이 함께 잘 일해야 하는데, 이렇게 불만 가득한 사람들은 팀원들이 같이 일하는 것을 꺼리거나 어려워한다. 실리콘밸리처럼 직장 상사뿐 아니라 같이 일하는 다른 사람들이 나의 성과를 지지해 줘야 인정받는 곳에서 이런 사람들은 성공하기 힘들다.

걱정을 지나치게 많이 하는 사람들도 마찬가지다. 걱정이 많은 것이 천성인 사람들은 일하는 도중에도 이런 본성이 나오는 것을 잘 모른다. 예를 들어서 팀이 새로운 일을 제안하거나 문제를 다른 쪽에서 바라보는 시도를 하면 무턱대고 반대하는 사람들이 이런 경우가 많다. 이들은 데이터 등을 통해 합당한 위험성을 이야기하기보다는 막연하게 불안감을 보인다. 이런 이들은 결국 결정력이 부족하다는 소리를 듣거나 다른 이들의 의견을 잘 받아들이지 못하는 사람들로 보일 수도 있다. 앞에서 이야기한 것처럼 여기서도 결정력이 빠르고 위험을 잘 감수하는 사람들이 성공한다고 여겨지기 때문에, 걱정이나 조바심이 많은 사람들은 아무래도 인정받기 어렵다.

자기 일에 너무 집착하는 사람들도 같이 일하기 힘든 사람들 중 하나다. 특히 엔지니어들 중 이런 사람들이 상당히 많다. 자신의 코드를 다른 사람이 고치거나 바꾸는 것에 불만이 있거나 자기 지식을 다른 사람과 공유하지 않으려고 애쓰는 사람들이 이런 경우다. 이런 사람들은 본인이 회사에는 없어서는 안 되는 중요한 사람이라고 착각하는 경향이 있다. 휴가 중이거나 부재중에 본인이 맡은 일에 문제가 생기면 다른 사람들이 쩔쩔매서 그렇다. 이런 사람이 팀에 있으면 다른 팀원들은 이 사람의 코드를 만지지 않으려고 돌아가는 전략을 쓰기도 한다. 이런 사람들은 남들이 보기에는 항상 자신감이 넘쳐서 본인은 편할 것이라고 생각하지만, 속사정은 그렇지 않은 경우가 많다. 항상 자기가 하는 일을 변호하고 지켜야 하기 때문에 매일이 피곤하다. 남들과의 대화도 쉬울 리가 없고 팀과의 토의는 항상 불쾌한 논쟁으로 끝난다.

또 여기서 많이 보는 사람들이 완벽주의자들이다. 완벽주의자들이 동서고금을 막론하고 가장 힘들게 사는 사람들 중 하나다. 완벽주의자들은 조직 내에서 처음에는 꼼꼼한 일처리로 금방 성공할 것 같다가도, 시간이 갈수록 일이 더뎌지고 불필요한 일들까지 손대다가 결국 시간을 초과하거나 일을 못 끝내는 경우도 있다. 또 완벽주의자들은 일할 때 다른 사람들에 비해 스트레스를 더 많이 받는다. 그래서 주변 사람들이 일부러 문제를 알리지 않거나 그 사람만 빼고 일을 진행하자는 결론을 내리기도 한다. 일이 어려워지거나 힘든 상황이 오면 조금씩 시도해서 문제를 해결하려고 노력하기보다는 금방 포기해 버리는 경우가 많다. 내가 완벽하게 일을 끝내지 못할 바에야 시작을 안 하는 것이다. 그래서 완벽주의자들은 일을 고르는 데 시간을 많이 쓴다. 본인이 잘할 수 있는 일만 골라서 하는 경향이 있어서 그렇다. 실제로 실력 있고 여러 가지 일을 잘해 왔던 사람이 갑자기 조직 내에서 성과가 나오지 않는 경우가 있다. 이런 사람들이랑 이야기를 해 보면 처음에는 힘들어도 책임감이나 초심으로 밀어붙였던 힘이 점점 바닥나서 그렇다. 아무리 남들이 도와주려 해도 본인이 실패자나 낙오자가 된 것 같아 도움도 거절하고 마음을 닫아 버리는 경우가 많다.

우리가 요즘 많이 언급하는 번아웃이 바로 이런 사람들에게 더 빨리 찾아올 수밖에 없다. 열심히 재미있게 자기 관리를 잘하면서 일해도 몇 년이 지나면 일이 권태로워지고 흥미를 잃는 마당에, 이렇게 힘들게 일하는 사람들에게는 조금이라도 벅찬 일이 생기면 다른 사람들보다 더 힘들 수밖에 없다. 요즘처럼 재택이나 하이브리드형 근무를 하는 사람들은 집에서 혼자 일을 하다 보니, 시간관념도 모호해지고 퇴근이나 주말이라는 개념 없이 문제를 손에서 놓지 못하고 계속 파고드는 경우가 많다. 이러면 본인의 워라밸이 깨지는 것도 문제지만 회사에서 같이 일하는 사람들도 힘들어진다. 시간과 상관없이 밤이건 주말이건 시도 때도 없이 이메일이나 메시지를 보내니 같이 일하는 사람들도 어쩔 수 없이 답장해야 하는 경우가 생긴다. 이렇게 되면 의도치 않게 같이 일하는 사람들까지 피곤하게 만든다.

물론 이런 예시들이 다 개인적인 문제라 정신과 상담이나 받으라고 할 일은 아니다. 경영을 잘하는 좋은 리더가 있는 회사에서는, 이런 사람들이 조직의 분위기를 흐리지 않도록 통제와 제어를 잘한다. 예를 들어 밤낮없이 아무 때나 이메일을 보내는 직원에게는 그러지 말라고 타이르고, 자기 지식을 나누지 않으려는 직원은 강제로라도 프레젠테이션이나 서류를 만들어서 지식을 나누게 한다. 이런 통제 없이는 그렇지 않던 이들도 주말에 이메일을 보내고 자기 일을 감싸게 된다. 어느 정도는 조직이 올바른 문화를 형성함으로써 통제할 수 있는 부분이 많다.

옆에서 도와주려고 노력하고 좋은 문화가 있는 조직이라도 힘들어하는 사람들은 있다. 특히 코로나19가 끝날 때쯤 시작된 번아웃의 물결은 이렇게 그럭저럭 버텨 오던 사람들이 얼마나 많았는지를 보여 준다. 직장인 중 56.4%가 재택근무 및 사회적 거리두기 기간에 불안감이 증가했고 또 더 많은 외로움을 경험했다고 토로*했다. 절반 이상의 사람들이 정신적으로 힘들었다는 말이다.

실제로 내 주위를 둘러봐도 실력 있는 많은 친구들이 지난 2~3년 동안 실리콘밸리를 떠났다. 몇몇은 좀 쉬겠다는 말만 남기고 떠났고 몇몇은 정리 해고의 여파로 원치 않았지만 이

---

* https://www.teamblind.com/blog/blind-pulse-frequency-of-the-burnout/

곳을 떠나게 되었다. 그들 중 다수는 링크드인을 봐도 새로운 직장을 다닌다는 소식이 없다. 아예 링크드인 계정을 닫고 조용히 지내는 친구들도 많다.

    그중 한 친구는 1년 전쯤에 회사에서 정리 해고가 시작되자 심리적인 큰 압박에 시달렸다. 그러던 어느 날, 그 친구는 아침에 산책을 하던 중 쓰러져서 병원에 실려 갔는데, 며칠 쉬고 돌아오겠거니 했지만 그 길로 장기 무급 휴가를 내고 부모님이 계시는 고향으로 돌아갔다. 얼마 전에 연락을 해 보니 무급 휴가 기간이 끝나 얼마 전에 사직서를 썼다더라. 아직은 실리콘밸리로 돌아올 엄두가 안 난다는데, 다행인 건 사직서를 쓴 이후 마음이 더 편해졌다고 한다. 아무래도 돌아올 의무가 없으니 한결 마음이 더 가벼워졌나 보다. 이런 이들이 그렇다고 해서 엄청나게 힘든 일을 했거나 아니면 회사에서 업무 스트레스가 남들보다 더 심했던 것도 아니다. 평범한 직장을 다니면서 일주일에 40여 시간 일했던 친구들이다. 그냥 어떻게 자기의 마음을 다루어야 하는지 몰라서 계속 쌓아두다가 어느 날 터진 것이다.

    '자기 자신에게 너무 엄격해지지 말아라Don't take yourself too seriously'라는 말이 있다. 내 주위에도 오랫동안 실리콘밸리에서 잘 사는 사람들은 자기 자신을 중요한 사람, 특출난 사람이라고 생각하기보다는 겸손하게 주어진 일을 열심히 하고 실수를 하면 웃고 넘기는 사람들이다. 여기서는 성공이 너무 빨리 오기도 하고 또 그 성공이 너무 빨리 실패로 변하기도 한다. 이렇게 오르막길과 내리막길을 거치며 조금 높은 곳에 올라갔다고 거들먹거리거나 조금 밑이라고 푸념하고 포기하기에는 모든 것이 너무 빨리 예상치 않게 변한다.

실리콘밸리에서는 회사의 최고 경영자들도 완벽하고 권위적으로 보이기보다는 인간적인 면을 보이려는 시도를 많이 한다. 여기서는 최고 경영자들이라고 해서 따로 사무실이 있는 경우도 흔치 않다. 보통 개방형 사무실 방식Open Office Concept이라고 해서 신입 사원이나 CEO가 다 같이 한 공간에서 개인 사무실 없이 일하는 경우가 많다. 혹시 보안이 필요하거나 사적인 이야기를 해야 할 경우는 이들도 다른 사람들처럼 회의실을 예약해서 쓴다. 여기서는 사내 행사나 회의 중에도 최고 경영자들이 기존의 권위적인 기업인 이미지보다는 좀 더 직원들과 친근감 있는 모습을 보이려고 노력하고, 본인의 실수나 다소 창피한 이야기들도 서슴지 않고 나눈다.

정리 해고를 할 때도 발표하는 경영인의 태도들이 자주 화제로 오른다. 요즘에는 사내 비밀이라는 것이 없다. 정리 해고 소식을 직원들에게 전달하는 CEO의 비디오나 이메일 등이 회사 직원들에 의해 SNS에 공개된 경우도 많고 사내에서 밖으로 공개하지 말라고 한 내부 문서도 몇 시간 만에 SNS에 떠

돈다. 정리 해고를 하면서 CEO가 울먹이는 목소리로 "다 제 잘못입니다"라고 말하면 그래도 최소한의 인간적인 면이 느껴진다. 물론 이런 것도 여러 가지 계산에서 나온 쇼라는 해석도 있지만, 권위적이고 차가운 태도로 눈 하나 깜짝 안 하고 수백 명을 해고하는 기존의 경영자보다는 그래도 그 노력에 가산점을 주고 싶다.

Chapter 5

우리 회사,
상장하면
나한테 좋을까

1

실리콘밸리에서 내 회사가 상장하는 과정

 나는 회사 고위 관리자도 아니고 평범한 개발자이기 때문에 아무리 상장한 스타트업을 오랫동안 다녔어도 그 과정을 조목조목 설명할 수 있는 사람은 아니다. 회사가 상장하는 데 무엇이 필요하고 또 어떠한 과정을 거치는지는 회사의 최고경영자들이나 아니면 금융 부서에 계시는 분에게나 들어야 하는 조언이다. 내가 여기서 하고자 하는 이야기는 실리콘밸리 스타트업부터 시작해 상장까지 간 회사에 다니면서 느끼고 경험한 이야기다.

 얼마나 큰 규모의 스타트업이냐 또는 사람들에게 많이 알려져 있는 회사냐에 따라 다르겠지만, 보통 실리콘밸리 스타트업들은 3~4년을 꾸준히 상장을 목표로 준비하다가 본격적으로 CFO(수석 재무 책임자)와 최고 경영자들이 나스닥 NASDAQ이나 뉴욕 증권거래소NYSE와 날짜를 정하고 본격적인 상장을 준비하기까지 1년 남짓 걸린다. 상장 전에도 스타트업들은 투자를 받기 위해서나 회사의 가치를 가늠하기 위해 회사가 보유한 재산, 재정 상황, 제품의 시장 가치, 비슷한 동종 업계의 실적 등 여러 가지 성과와 자금 유동성 등의 분석을 통해 전반적인 회사의 가치를 평가받는다. 이런 복잡한 분석을 통해 정립된 회사의 가치를 FMVFair Market Value, 즉 공정 시장 가치라고 하고 이 가치는 독립 감정사들에 의해서 정해진다. 이 공정 시장 가치는 회사가 대외적으로 어느 정도의 위치인가를 가늠하는 데 쓰이기도 하고, 개인이나 기업의 투자를 받을 때도 사용되지만 직원들에게 주식을 배당할 때도 중요한 지표로 쓰인다. 그래서 상장 전 스타트업에 입사하는 사람들은 이 가치에 민감할 수밖에 없다.

입사를 할 때 배당받은 주식은 공정 시장 가치에 따라서 행사 가격Strike Price이 달라진다. 가령 2015년에는 한 주당 1달러였고, 2019년에는 5달러였다면 언제 입사했느냐에 따라 배당받은 주식의 행사 가격이 5배나 차이가 나는 것이다. 또는 회사가 어떤 주식 배당 정책을 가지고 있느냐에 따라 배당 숫자를 달리할 수도 있다. 가령 직원들에게 연간 1,000달러 상당의 주식을 배당한다고 하면 2015년에 입사한 직원은 1,000주를 배당받고 2019년에 입사한 직원은 주식을 200주 받게 된다. 공정 시장 가치는 물론 회사의 실적이나 입사 당시 여러 시장 상황에 따라 변하기 때문에, 무조건 일찍 입사했다고 주식을 많이 받는 것은 아니다. 그러나 회사가 상장에 성공할 만큼 탄탄한 길을 걸어왔다면 보통 시간이 지남에 따라 주식 가격은 상승세였을 확률이 크다. 그래서 보통 회사에서 오래 일한 직원일수록 회사 주식을 훨씬 많이 가지고 있거나 아니면 아주 낮은 값에 배당을 받았을 가능성이 크다. 공정 시장 가치는 상장 날짜에 가까워질수록 실제 상장가와 비슷해지기 마련이다. 그래서 상장 전 스타트업 직원들은 항상 신입 사원들이 얼마에 주식을 배당받았는지를 궁금해한다.

상장할 때 회사 재정이나 제품 가치가 중요한 것은 말할 필요도 없다. 그러나 시장과 업계의 분위기도 상당히 중요하다. 2023년도처럼 투자 시장 분위기가 전반적으로 좋지 않을 때는 아무래도 기업들이 상장을 미루게 된다. 또 2021, 2022년 상장한 기업들의 경영난과 상장 후 성장 부재를 지켜보면서, 오랫동안 차근차근 상장을 준비하던 기업들도 다들 조심하는 분위기가 될 수밖에 없다. 내 주변에서도 지금쯤이면 회사가 상장을 할 줄 알았는데 계속되는 시장의 약재로 늦어지는 상장 날짜에 조바심을 부리는 친구들이 늘어났다.

나같이 평범한 직원들은 실제로 상장 날짜가 6개월 정도까지 다가와도 별로 크게 달라지는 것을 느끼지 못한다. 크게 피부로 느낄 만한 점을 꼽자면 이 시기가 되면 특히 회사에 들어오고 싶어 하는 사람들이 많아진다는 것이다. 그래서 입사 경쟁률이 갑자기 올라가는 경향이 있다. 아무래도 실리콘밸리 내에서나 월스트리트에서 상장이 임박해진 회사들을 주목하기 때문에, 언론을 통해 사람들이 회사 소식을 많이 접해서 그렇다. 이렇게 대외적으로 회사가 알려지기 시작하면 링크드인 등을 통해서 갑자기 직원 추천을 요청하는 사람들의 메시지들이 몰려든다. 대학교 동창부터 만난 적 없는 사람들도 회사가 곧 상장할 것이라는 기대에 상장 전 입사한 Pre-IPO 직원이 되고 싶어서 이력서를 보낸다. 또 실제로 상장 전에 회사도 많은 사람들을 채용하기 때문에 기존 직원들은 면접에 면접관으로 참여하느라 바빠진다.

회사를 조금 오래 다닌 사람들 중에는 주식 브로커들의 전화를 받는 사람들도 다수 생긴다. 주식 브로커들은 이렇게 상장하지 않은 회사 직원들 중 특히 주식을 많이 보유하고 있을 만한 직원들, 즉 오래 회사에 다닌 사람들에게 접근해서 회사의 주식이 상장되기 전에 팔지 않겠냐고 가격을 제시하거나 슬쩍 상장에 관한 정보를 캐낸다. 물론 상장이 코앞에 있는 회사 직원들은 브로커들에게 주식을 팔지 않겠지만, 상장의 기미가 보이지 않았거나 2023년처럼 갑자기 시장이 쪼그라들어 회사가 상장을 계속 늦추는 분위기가 되면 이런 전화에 귀가 솔깃해지기도 한다.

또 다른 점은 갑자기 회사에 여러 가지 새로운 부서나 직종들이 늘어나는 것이다. 예를 들면 법과 관련된 여러 가지 조항에 관여하는 법률 고문General Counsel이나 회계, 금융, 세금 담당 부서 등 돈 관련 부서의 직원 숫자도 꽤 많이 늘어난다. 조직 대외 홍보 담당 부서Public Relation, PR나 이밖에 우리가 생각지도 않았던 회사의 제품엔 관여하지 않는 조직 운영 전담 부서들이 상장 전에 많이 생긴다.

직원들은 또 회사 상장 시기에 맞춰서 여러 가지 회사 주식, 세금 등에 관련된 교육을 받는다. 이것은 보통 내부자 거래Insider Trading 조항과 관련된 것이 주를 이룬다. 내부자 거래란 기업에 관한 중요 정보를 가진 사람, 즉 회사의 직원이 해당 기업의 주식을 매수 또는 매도하는 것을 말한다. 내부자 거래를 막기 위해 법적으로 직원들은 보통 회사 주식을 팔 수 있는 시간이 정해져 있다. 1년에 서너 번 회사의 실적이 공개되는 수익 발표Earnings Call 후 정해진 시간 동안에만 주식을 팔 수 있다. 비공개 중요 정보를 다른 사람들에게 누설하는 것도 법에 저촉되는 행위다. 직원이 친구들이나 가족들에게 공개되지 않은 정보를 누설하거나 다른 사람들에게 주식을 사거나 팔도록 유도하는 일도 법으로 금지되어 있다. 이 법은 직원뿐만 아니라 직원의 가족들에게까지 적용된다. 이렇게 여러 복잡한 법률적 제약을 통해 회사도 꼼꼼히 직원들을 교육하고 앞으로 발생할 수 있는 법적인 문제를 방지하려 노력한다. 처음 이런 교육을 받을 때는 두려움이 앞선다. 어디 가서 회사 이야기 잘못하면 벌금형을 받거나 감옥까지 갈 수 있다고? 교육을 받고 나서 차라리 상장을 안 했으면 좋겠다고 친구들끼리 걱정하던 일이 생각난다.

  이러한 몇 가지를 제외하면 상장하기까지 별로 달라지는 것은 없다. 그리고 상장이 되면, 직원들이 가지고 있던 종이 쪼가리에 불과하던 회사의 주식들이 정말 돈이 된다. 그러면 회사는 축제 분위기로 변한다. 어떤 이들은 평소에는 생각지도 않던 비싼 차나 집을 사거나 화려하게 해외여행을 가기도 한다. 이러고 나중에는 세금 때문에 엄청 고생하는 일도 생긴다. 생각보다 세금이 높고 복잡하기 때문에 우선 상장하고 나면 전문 세무사와 먼저 상담하고 계획을 잘 세워야 한다. 다들 상식적으로 다 아는 것 같아도 또 생각지도 않게 큰돈이 들어오면 정신없이 하고 싶은 일부터 신경 쓰기 바쁘다. 반면 주식이 크게 더 오를 것이라 믿고 상장 후 주식을 하나도 팔지 않는 이들도 있다. 그래도 여태까지 받은 주식이 상장으로 인해 값어치가 생기기 때문에 그에 대한 세금을 내야 한다. 이런저런 이유로 내 경험상 상장 직후 직원들끼리 가장 많이 하는 이야기 주제는 세금이다.

상장을 하면 여러 언론에서도 회사에 관한 이야기들을 쏟아낸다. 월스트리트가 특히 상장을 성공적으로 마친 회사들에 대한 다각도의 예언들과 시장 분석들을 내놓기 시작한다. 유명한 주식 애널리스트, 주식 관련 팟캐스트, 뉴스, 레딧 Reddit 등 각종 언론과 SNS에 이르기까지 갑자기 우리 회사 이름이 여기저기서 보이기 시작한다. 회사에서 제품을 몇 년 동안 만든 직원들도 "우리 회사가 그런 곳이었어?", "우리 제품이 이런 거야?"라고 놀랄 정도로 월스트리트의 이야기들은 설득력이 있다.

상장 소식이 실리콘밸리 내에 퍼지면 여기저기서 친구들이 축하 연락을 보낸다. 그러면서 이미 상장을 경험한 친구들은 축하와 함께 뼈 있는 이야기를 넌지시 해 준다. 회사 주식이 오르고 나서 얼마 있다가 폭락해 버려 부자가 될 기회를 놓쳤다는 친구, 주식이 한동안 제자리걸음이라 다 팔았는데 나중에 대기업이랑 합병되는 바람에 주가가 엄청나게 뛰어서 낙심한 친구, 무조건 가격 보지 말고 팔 수 있을 때 10%씩 팔아 버리라고 의미심장한 말을 해 주는 친구 등 다들 경험에서 나온 충고들을 해 준다. 이런 귀한 조언은 한 귀로 듣고 한 귀로 흘린다.

우선 상장을 하면 회사의 입장에서는 초기의 주가 성적이 중요하다. 이래서 많은 회사들은 상장 직후 직원들이 주식을 대거 처분해서 주가가 하락할 것을 염려해, 상장 후 수개월에서 1년 동안 주식을 팔 수 없게 조건을 걸어 놓은 경우도 흔하다. 특히 주식을 많이 보유하고 있는 최고 경영자들에게는 더 많은 규제가 가해질 수 있다. 이런 규제는 법적인 것은 아니지만 회사들이 자발적으로 결정하기 때문에 회사나 업계마다 다른 모습을 보인다.

상장이 성공적으로 끝나면 직원들은 주식을 파는 날짜가 정해져 있기 때문에 그때만을 기다린다. 보통 직원들이 주식을 팔 수 있는 기간은 수익 발표 직후이기 때문에 이때가 되면 회사 실적에 민감해진다. 회사에 다니면서도 수익이나 실적은 영업이나 돈을 다루는 부서에서 일하지 않으면 잘 모르기 때문이다. 회사에서 이번 분기 수익이 높다고 발표하면 우선은 안심하고 은근히 주식이 오르기를 기대한다. 그래도 시장 분위기가 전체적으로 좋지 않으면 회사의 성과와 상관없이 주식 가격은 시장의 흐름을 반영하는 경우가 많다. 아무래도 상장한 지 얼마 되지 않은 회사들은 아직 시장에서의 영향력이 크지 않아, 회사의 실적과 상관없이 시장의 분위기에 따라 주가가 비슷하게 움직여서 그렇다. 대기업들의 수익, 크고 작은 기업들의 합병 등 전혀 우리 회사와 상관없을 것 같은 소식이 주가에 영향을 미치기도 한다. 그래서 이런 소식들을 처음에는 심각하게 듣다가 시간이 지나면 그냥 그러려니 하고 흘려듣는다. 상장하고 나서는 모이기만 하면 주식 이야기에 열을 내던 회사 분위기도 어느 정도 시간이 지나면 오히려 주식 이야기는 피하는 분위기로 바뀐다. 실제로 특히 주식을 파는 기간에 심적으로 스트레스를 많이 받거나 과민성 증후군 등을 호소하는 사람들도 주변에 꽤 있다.

상장하고 나서 시간이 좀 지나고 보니 전반적으로 변한 것은 '우리가 누구를 위해서 일을 하느냐?'이다. 예전에 상장하기 전에는 우리 회사 앱을 쓰는 사용자들을 위해 열심히 기능을 만들고 앱을 만들었다. 또 우리 앱을 쓰는 사람들이 많아지고 실적이 좋아지면 열심히 함께 일하는 우리 부서 사람들, 팀원들 그리고 나와 내 가족들에게 좋은 일이라고 생각했다. 상장 후에는 여기에 하나가 더 추가되었다. 회사의 주주들이다. 우리가 매일 모여서 제품에 대해 회의하고, 우리 앱을 쓰는 사람들을 분석하고, 어떻게 하면 조금이라도 더 쉽게 사용자들이 우리 앱을 사용할 수 있을까를 매번 이야기하다가도 가끔은 우리가 이런 제품을 내면 시장은 어떻게 반응할지 생각하지 않을 수 없게 되었다. "요즘 업계가 ○○를 내세워서 제품을 개발하는 것이 유행인데, 이런 걸 따라 하지 않으면 우리만 뒤떨어진 것처럼 보이지 않을까?" 같은 이야기들도 가끔 회의시간에 오간다. 그뿐 아니다. 예전 같으면 새로운 제품의 출시도 우리 회사 사정이나 사용자들의 편의성에 맞추어서 하는 것이 관례였다. 가령 우리가 새 제품을 내놓을 때는 '12월은 휴가가 많으니 출시 시기가 좋지 않다' 또는 '3월에는 ○○콘퍼런스가 잡혀 있으니 2월에 미리 출시하자' 같은 고려를 했다. 그런데 이제는 회사와 사용자의 사정뿐만 아니라 회사의 수익 발표 시점도 무시할 수 없는 중요한 요인이 되었다.

여기저기 크고 작은 회사들의 정리 해고 소식이 들려오면서 정리 해고를 시행하지 않는 회사들의 직원들은 은근히 걱정을 하기도 한다. 시장이 왜 우리는 운영비를 삭감하기 위해 정리 해고를 하지 않느냐고 묻는 것 같아서다. 동종 업계에서 대기업들이 여러 차례 해고를 감행하면 해고를 하지 않는 회사들은 안일하다는 소리를 들을까 봐 내심 걱정을 하는 것이다. 실제로 보통 정리 해고 발표 이후 회사 주가는 어느 정도 오른다.

이래서 상장을 한 회사들은 큰 정리 해고 발표를 수익 발표 직전이나 직후에 하는 경우가 흔하다. 수익이 좋지 않아 주가 하락이 예상되면 그 타격을 조금이라도 줄이고자 회사에서 미리 선수를 치는 것이다. 시장에서는 보통 대규모 정리 해고를 '운영 자금의 효율성을 높이고 경쟁력 있는 제품에 집중해서 투자하겠다'라는 회사의 정책으로 받아들이기 때문이다. 물론 최근에는 수익과 상관없이 정리 해고를 감행하는 사례도 많아지긴 했지만 정리 해고와 수익 그리고 주주들의 경영에 대한 기대감과 요구는 어느 정도 상관이 있어 보인다.

상장을 하게 되면 회사에서 중요한 결정을 할 때마다 시장 눈치를 봐야 하고 투자자들과 시장의 염려에도 반응해야 한다. 그러면 자연히 직원들은 뒷전으로 밀려난 느낌이 드는 건 어쩔 수 없다. 가끔은 친구들끼리 사석에서 맥주 한잔씩 하면서 예전에 이 회사가 상장하기 전 작은 스타트업이었을 때 이야기를 가끔 한다. 그때는 정말 일이 복잡하지 않았다며 그때를 그리워하곤 한다.

2

내 꿈은
유니콘 회사에
다니는 것

유니콘Unicorn은 희귀하면서도 귀한 사람이나 물건 등을 지칭할 때 쓴다. 요즘은 한국에서도 경제 뉴스 또는 벤처 캐피털 산업에서 자주 쓰는 용어로, 경제학에서 정확한 유니콘의 정의는 기업 가치가 10억 달러 이상이고 창업한 지 10년 이하인 비상장 기업이다. 세상 사람들이 모두 알고 있는 실리콘밸리의 거의 모든 회사들이 상장 전에는 유명한 유니콘 기업들이다. 여기서도 대기업으로 알려진 FAANG(페이스북, 아마존, 애플, 넷플릭스, 구글)은 유니콘이란 말이 있기도 전에 상장했지만, 그들 중 대다수는 유니콘에서 더 한 단계 높은 슈퍼 유니콘Super Unicorn, 즉 100억 달러 이상의 평가를 받은 곳도 있다. 그 이후로도 우리에게도 잘 알려져 있는 수많은 회사들이 유니콘으로 상당 기간 전 세계 투자자들의 관심을 받다가 상장했다. 우버, 리프트Lyft, 에어비앤비, 줌Zoom 등이 내가 실리콘밸리에 있던 지난 10년 동안 상장한 유니콘 기업들이었고 요즘엔 스페이스XSpaceX, 디스코드Discord 등이 떠오르는 유니콘으로 세상에 많은 관심을 받고 있다. 물론 현재 실리콘밸리에서 가장 큰 관심을 받는 회사는 역시 ChatGPT를 만든 OpenAI다. 어떤 이들은 OpenAI가 실리콘밸리 역사에서 가장 큰 유니콘이 될 것이라고 예상하는 이들도 있다.

전 세계에 2023년 11월을 기준으로 1,200개가 넘는 유니콘 기업들이 세상에 존재*한다. 이렇게 유니콘들이 넘쳐나니, 실리콘밸리에는 항상 불나방처럼 사업을 꿈꾸며 창업자들이 모여든다. 또 이렇게 많은 회사들이 유니콘이 되는 과정을 지켜보다가 '내가 다니는 스타트업이 언젠가는 유니콘이 되겠지'라고 꿈꾸는 것도 어쩌면 자연스러운 일이다. 그러나 여러 스타트업 관련 투자 회사들의 조사에 의하면 10억 달러 이상 가치의 회사가 탄생할 확률은 0.00006%**라고 한다. 이렇게 성공률이 낮으니 지금 다니는 스타트업이 유니콘이 되는 것을 바라기보다, 차라리 속 편하게 대기업에서 꼬박꼬박 월급 받

- * https://www.cbinsights.com/research-unicorn-companies
- ** https://www.embroker.com/blog/unicorn-startup-checklist/

고 다니는 것이 정신 건강에 좋다고 경제 전문가들이 이야기할 정도다.

그래도 유니콘 회사에 다니는 것은 실리콘밸리에서 일하는 사람들의 꿈이다. 그러나 운 좋게 다니던 스타트업이 유니콘이 되었다고 앞으로의 미래가 다 밝아지는 것은 아니다. 우선 이런 회사에 다니는 것도 엄청난 운이 필요하지만, 유니콘 기업 중 일부는 상장에 실패하거나 아예 회사 경영진이나 투자자들이 계속해서 사기업으로 남기를 원하기도 한다. 또 상장의 길을 달리다가 어느 날 다른 기업들과 인수 합병되는 경우가 많다. 이런 경우는 그나마 직원으로서 큰 손해는 아니다. 완전히 역사에서 사라지거나 경영자들이 감옥에 가면서 끝나는 스타트업도 있다.

우리에게도 잘 알려진 사무실 임대 업체인 위워크WeWork도 한때는 유니콘이었지만 2019년 기업 공개 실패 후 2023년 10월 파산을 신청한 상태다. 크루즈 역시 캘리포니아에서 자율 주행 면허를 잃은 후 이제는 앞날을 알 수 없는 상태이고, 2022년 미국을 뜨겁게 달군 암호 화폐 거래소인 FTX의 창업자 샘 뱅크먼 프리드도 2023년 유죄 판결을 받고 이제는 실리콘밸리의 또 하나의 거룩한 실패로 남았다. 이런 회사들이 실리콘밸리에 극소수라고 생각할지도 모르겠지만, 여기서는 문을 닫거나 파산 신청을 하는 스타트업이 꽤 많고 그중에는 유니콘들의 이름도 심심치 않게 찾을 수 있다. 2023년 9월자 〈하버드 비즈니스 리뷰〉에 따르면 약 75%의 스타트업이 파산 신청을 하거나 문을 닫는다.* 보고되지 않거나 개인 투자자들이 설립한 작은 규모의 회사들까지 합치면 그 숫자는 훨씬 더 클 것이라는 게 업계의 추측이다.

앞에서 잠시 설명했듯이 요즘 실리콘밸리에 자주 나타나는 현상은 상장 대신 큰 대기업과 합병하는 경우다. 회사가 어느 정도 실적이 좋아지면 상장 전 대기업들이 인수나 합병 러브콜을 보낸다. 대기업과의 인수나 합병이 성사되면 직원들 사이에서는 희비가 엇갈린다. 물론 합병을 결정한 경영진이나 투자자들이야 회사를 팔고 엄청난 부자가 되었을 테니 이들은 좋겠지만, 회사 주식을 많이 보유한 연차 높은 직원들은 당연히 어느 정도 실망한다. 인수나 합병이 되는 스타트업 직원들이 보유한 주식은 이런 경우 대기업의 주식으로 바꿔 주거나 아니면 회사에서 정한 금액으로 환산해 주는데, 아무래도 상장을 꿈꾸던 직원들에게는 생각했던 것보다 금액이 적은 경우가 대부분이기 때문이다. 반대로 입사한 지 얼마 안 된 직원들은 주식은 별로 받은 게 없으니 금전적인 손실은 적지만, 작은 회사에 입사해서 대기업 소속으로 바뀌기 때문에 오히

* https://corpgov.law.harvard.edu/2023/09/29/startup-failure/

려 이득이라고 생각한다. 그나마 여기서는 인수 합병 때 대기업이 합병된 회사의 직원을 정리 해고하거나 완전히 경영의 방향을 틀어 버리는 경우는 별로 없다. 경영이나 자금에 큰 문제가 있지 않은 이상은, 대기업으로 합병되어도 상당 기간은 경영진과 경영 방향을 그대로 유지하는 경우가 많다. 물론 이런 일들은 회사마다 틀리고 인수, 합병 조건 등에 따라 다르기 때문에 일반화할 수는 없다.

여기도 2022년부터 시작된 전반적인 시장 불안과 줄어든 투자 심리로 많은 유니콘 회사들이 유니콘 등급에서 하향 조정되었다. 상장하기 전 기업의 가치는 일반적으로 전체적인 시장의 투자 분위기와 해당 업계 기업들의 성적과도 관련되기 때문에 아무래도 시장에 돈이 줄어들면 기업 가치도 떨어지는 것이 당연하다. 2023년 5월에 발표된 페일로리Failory의 지표에 따르면 실리콘밸리에는 63개의 유니콘이 있는 것으로 집계되었다. 물론 유니콘의 숫자만으로 시장을 판단할 수는 없지만 2022년 집계로 미국에 645개 유니콘이 있었다는 것과 비교해 보면 꽤 큰 차이가 난다. 그러나 계속된 시장 약화와 투자 감소로 이 중 얼마나 많은 기업이 상장까지 성공할지는 미지수다. 내 주변에서도 시장 상황이 좋아지기를 바라며 오늘도 유니콘을 꿈꾸거나 유니콘에서 상장 기업으로의 도약을 꿈꾸는 친구들이 여럿 있다.

3

상장한 다음엔
꽃길만
걷게 될까?

앞에서도 잠시 소개했지만 직원이 회사의 주식을 사고팔 때는 법적으로나 사내 제도적으로 여러 가지 제한이 있다. 보통은 직원이 자기 회사 주식을 직접 사지 못하는 것이 관례이고, 아무 때나 팔 수 있는 것이 아니라 팔 수 있는 기간이 따로 정해져 있다. 주식을 거래할 수 있는 기간, 즉 내부자 거래 허용 기간 Trading Window이 다가오면 회사 내에서 주식 가격이 어떻게 변동할지 주목한다. 직원들 중에는 주식에 대해 공부하는 사람들도 생기고 전문가들의 조언을 듣거나 돈을 내고 전문인들과 상담하는 사람들도 생긴다. 상장하고 나서는 큰 관심사였던 주가 관련 일들이 시간이 지나면 어느 정도 일상화된다. 주식을 매일 꼼꼼히 체크하던 사람들도 차츰 관심을 잃고 그저 다음 주식을 파는 시기에 시장 상황이 좀 좋았으면 하는 바람밖에는 특별히 할 일이 없다.

상장 후 회사의 주식이 상승세이면 회사에 들어오고 싶어 하는 지원자들이 늘어나고, 이때 들어오는 이들은 상대적으로 높은 경쟁률을 뚫고 입사해야 한다. 그런데 실제로 이렇게 '잘나갈 때' 입사하는 것은 여러 가지로 손해가 되기도 한다. 주가가 높기 때문에 주식을 상대적으로 적은 숫자로 배당받기 때문이다. 물론 적은 숫자로 배당받아도 계속 오르기만 하면 좋겠지만, 주가가 반값으로 떨어지면 가만히 앉아서 급여가 절반 이상 사라지는 아픔을 겪기도 한다.

반대로 주식 상황이 좋지 않고 회사 전망이 시장에서 나쁘게 평가되면 그만큼 회사에 들어오고 싶어 하는 사람들이 줄어든다. 이럴 때는 들어오기가 상대적으로 쉬울 뿐만 아니라 회사 주식이 최고가였을 때 들어온 직원보다 주식을 많이 받는다. 그래서 아이러니하게도 주가가 낮을 때 입사한 직원이 주가가 최고가였을 때 들어온 직원보다 이득인 경우가 보통이다. 회사 가치에 따라 입사 난이도와 급여에 차이가 생기기 때문에, 상장 기업에 취업하려는 사람들은 입사 시기 주가에 민감해질 수밖에 없다. 며칠 간의 차이로 상당한 양의 주식 차이가 날 수 있기 때문이다. 그래서 같은 일을 하는 내 옆 동료라도 언제 입사했냐에 따라 상당한 급여 차이가 날 수 있다.

그나마 상장 회사에 다니는 사람들은 스타트업보다는 돌발 상황이 적은 편이다. 실리콘밸리에서는 가끔 상장 전 스타트업이 직원들에게 배당한 주식을 상장되기 전에 되사는 곳도 있다. 이것을 공개 매수Tender Offer라고 한다. 한마디로 기업이 공개적으로 직원들을 포함한 모든 주주들에게 특정 가격으로 일정 기간 내에 회사 주식을 되팔 수 있게 허용하는 제도다. 가격은 회사가 일방적으로 정하는데 보통 공정 시장 가치와 비슷한 경우가 대부분이다.

이런 공개 매수가 여기서도 아주 흔한 편은 아니다. 그러나 어디 가서 이 회사는 공개 매수가 있다고 하면 무슨 말인지는 다 알아들을 정도다. 보통 이런 제도를 실시하는 회사들은 자금 사정이 좋거나 아니면 대기업이 뒤에서 투자나 자금을 뒷받침해 주는 경우가 많다. 상장을 아직 하지 않았어도 회사가 분배한 주식을 현금을 주고 다 사겠다고 약속하는 회사들은 자본도 넉넉하고 미래에 대해서 꽤 낙관하고 있다는, 즉 배짱 있는 회사들이다. 그래서 이런 회사 주식은 다른 스타트업 주식처럼 그냥 종이 쪼가리가 아닌 회사에 되팔 수 있는 현금이나 마찬가지다. 그래서 공개 매수가 있는 회사의 주식을 받은 직원들은 실제로 주식을 받을 때 소득세를 낸다. 문제는 공개 매수는 회사에서 자발적으로 하는 것이기 때문에 언제든지 회사의 사정에 따라서 철회되거나 가격 변동이 있을 수 있다. 예를 들어 입사 시에는 회사에서 주식을 한 주당 30달러에 되산다고 약속해서 세금까지 떼어가 놓고는 시장 상황이 좋지 않다고 가격을 10달러로 내리거나 아예 공개 매수 자체를 취소해 버리는 경우다. 회사에서 공개 매수를 취소하면 하루아침에 보유하고 있는 주식의 가치가 전부 사라진다. 회사가 공식적으로 상장하지 않았기 때문에 회사 주식을 팔 데가 없기 때문이다. 그뿐 아니라 여태껏 주당 30달러로 가정하고 낸 세금도 돌려받을 수 있을지 골머리를 앓게 된다. 이런 상황이 실제 2023년 크루즈에서 일어났다. 내 친구 중에도 이 회사를 오랫동안 다녀서 수십억 원 상당의 주식을 갖고 있었는데, 그 주식이 하루아침에 종이 쪼가리가 될 판이고 여태껏 낸 세금이라도 돌려받기 위해 최근 세무사 사무실을 연신 들락거리는 중이다.

아무래도 상장하는 회사들이 워낙 많다 보니 상장과 관련한 재미있는 일화도 여기서는 많이 접하게 된다. 내가 아는 한 친구는 한 회사에서 4년을 다니다 상장 직후에 강제 퇴사를 당했다. 정리 해고가 아니라 성과가 좋지 않아서 경고를 몇 번 받은 후 강제로 퇴사를 당한 것이다. 그 친구는 다시는 회사가 있는 쪽으로 발도 들이지 않겠다고 소란을 떨면서 퇴사하고 블라인드나 링크드인에서 회사를 공개적으로 공격하는 발언도 서슴지 않았다. 그렇게 회사가 싫었으니 갖고 있는 회사 주식들이 좋게 보였을 리 없다. 퇴사와 함께 바로 가지고 있던 주식을 다 처분해 버렸다. 그때 마침 회사 주식이 최고점에 이르렀을 때여서 평생 벌 돈을 한 번에 벌었다. 그 이후에는 시장의 약화와 여러 가지 이유로 회사의 주식이 1/4토막이 난 상태다. 가끔 그 회사에서 일하는 직원들을 만나보면 앞으로 10년을 더 일해도 그 친구보다 부자가 될 수 없을 거라며 하소연한다. 이런 옛 동료들의 슬픔을 아는지 모르는지, 이 친구는 몇 년이 지난 지금도 가끔 만나면 아직도 그 회사 욕에 침이 마르질 않는다. 그렇게 죽어도 다니기 싫은 회사의 주식은 성과가 나빠서 잘린 직원을 평생 놀아도 될 만큼 엄청난 부자로 만들었고, 아직도 그 회사를 믿고 열심히 일하는 그 회사 직원들은 앞으로 다가올 정리 해고를 걱정하며 잠을 설친다. 그 친구가 새로 뽑은 테슬라 차를 몰고 모임에 나올 때마다 다른 친구들 얼굴빛이 좋지 않다.

또 다른 친구는 스타트업을 7년 정도 다니다가 회사가 상장하기 몇 년 전에 다른 곳으로 이직했다. 몇 년 후 다녔던 옛 직장은 유니콘이 되었고 기대처럼 상장 후 엄청난 가치를 기록했다. 이 친구는 그 회사의 초기 핵심 직원이었기 때문에 친구들끼리는 그가 엄청난 부자가 되었을 거라고 믿고 부러움을 감추지 못했다. 또 마침 그 회사가 상장을 할 즈음 이 친구가 느닷없이 하와이로 이사를 가는 바람에 우리는 이제 이 친구가 30대에 은퇴를 했다고 믿었다. 하와이에서 그림 같은 집에 이제는 걱정 없이 서핑이나 하며 지낼 거라고 친구들끼리 얼마나 부러워했는지 모른다.

그러다 얼마 전에 그 친구가 샌프란시스코에 놀러 왔다며 술 한잔하자고 연락이 왔다. 술을 얻어먹을 생각으로 나는 일부러 비싼 술집에서 친구를 불러냈다. 즐겁게 한두 잔 하고 계산서가 테이블에 도착하자 그 친구가 계산서를 내 쪽으로 쓱 내민다. 나는 계산서를 다시 친구에게 밀며 "너희 회사 주식 아직도 높던데 너 주식 많이 안 팔았어?"라고 물었더니, 그 친구가 "팔았지. 상장하기 전에 브로커한테 한 주당 3달러씩 주고 전부 팔았어"라고 하더라. 내 가슴이 철렁하고 내려앉았다. 그 친구는 그 회사 초창기에 들어가서 엄청난 숫자의 주식을 배당받았지만 회사의 미래를 믿지 않은 모양이었다. 퇴사와 함께 주식을 현금으로 사겠다는 브로커에게 전 주식을 넘긴 것이다. 그 브로커는 지금 얼마나 부자가 되었을까? 그러고 보니 이 친구 얼굴이 약간 어두워 보인다. 나는 아무 말도 않고 계산서를 냅다 집어 들었다.

이렇게 상장을 하면 울고 웃을 만한 일화들이 주위에 많이 생긴다. 누구는 엄청난 부자가 돼서 인생 역전을 하고, 누구는 가끔 밤에 약을 먹어야 잠을 잘 수 있을 정도로 후회하거나 낙심하고, 가끔은 나 같은 사람에게도 참 안됐다는 소리를 듣는 사람들도 생긴다. 너무 욕심을 부리다가 다 잃을 수도 있고 너무 느긋하게 결정을 미루다가 나중에 주가가 폭락한 뒤 정신을 차리기도 한다.

이래서 스타트업에 다니다가 회사가 상장하는 것을 복권 당첨과 비교하는 이도 많다. 복권에 당첨되었다고 꼭 부자가 되는 것도 아니고 행복해지는 것도 아니다. 상장도 마찬가지다. 상장하고 나서 가족 간에 금이 가거나 이혼한 사례도 꽤 많다. 생각지도 않게 큰돈이 생긴 이들은 누구도 예상 못 한 큰 인생 경험들을 하기 마련이다. 회사 주식을 판 돈으로 다른 주식을 사서 돈을 잃은 사람, 주식을 처분하고 새로운 가상 화폐에 투자해서 다 잃은 사람, 다른 스타트업에 투자했다가 재미를 못 본 사람 등 돈을 잃는 방법도 여러 가지다. 반대로 30대 초반에 은퇴하고 말리부에 그림 같은 집을 사서 노후를 즐겁게 사는 친구도 있다. 그 친구는 대학을 졸업하고 처음 다닌 스타트업에서 평생을 놀고먹어도 될 만큼의 돈을 8년 만에 다 벌었다. 또 주식을 처분한 돈으로 집을 여러 채 사서 이제 월세로만 먹고살겠다고 일을 그만둔 이도 있고, 상장 후 아무 말 없이 회사에 사표를 던진 후 연락이 끊긴 이도 있다.

화려하게 상장하면 우리 회사 주식은 계속해서 오르기만 할 것이라는 막연한 기대에 나도 아직 상당수 회사의 주식을 끌어안고 있다. 주가가 높았을 때는 더 오를 것이라 생각하고

안 팔고 있었는데, 이제 상장의 흥분이 가라앉고 주가가 떨어져 처분하자니 언젠가 가격이 다시 오르지 않을까 싶어 결정을 내리기 힘들다. 계속되는 암울한 경제 뉴스 때문에 계속 주식을 끌어안고 있자니 더 떨어지면 어쩌나 싶어서 불안한 마음에 얼마 전 꽤 많은 양을 처분했다. 다음 거래 기간은 석 달이나 남았는데 벌써부터 어떻게 해야 할지 고민되어 술 한잔하고 잘 때가 많다.

  주식을 적당한 시기에 다 처분하고 30대 초반에 은퇴해서 이제는 투자자로 강연 다니는 친구를 며칠 전에 잠깐 만나고 돌아온 밤에 잠이 잘 오질 않더라. 그렇게 어린 나이에 은퇴하면 인생이 심심하지 않을까? 내 나름대로 '그 사람들도 마냥 행복한 것만은 아니겠지'라 생각하고 찌릿한 마음을 달래본다.

Chapter 6

정리 해고, 잠깐 아파도 길게 보면 우상향

1

일 못해서
잘리는 게
아니라고?

　코로나19가 유행하면서 실리콘밸리 회사들은 서둘러 재택근무를 도입하기 시작했고 사람들의 생활 반경도 점점 줄어들게 되었다. 몇 주 정도면 지나갈 줄 알았던 사회 격리가 지속되면서 세계 경제에 대한 불안감이 여기저기서 커져 갔다. 집값은 폭락했고 심상치 않은 경제와 사회에 대한 비관론이 쏟아졌다. 이때쯤 실리콘밸리에서도 첫 정리 해고가 시작되었다. 코로나19 초반인 2020년 5월 공유 경제의 대표 주자인 에어비앤비에서 처음 대규모의 정리 해고를 발표했고 이를 시작으로 공유 경제 회사들인 우버, 리프트, 위워크 등이 차례로 정리 해고를 발표했다.

　그러나 곧 생각지 않게 강한 고용률과 코로나19 관련 정부

자금의 시장 유입으로 경기가 오히려 좋아지기 시작했다. 사람들은 여행이나 음식점에서 쓸 돈을 물건을 구입하거나 투자하는 데 쓰기 시작했다. 계속된 저금리에 한국에서도 그랬겠지만 실리콘밸리에서도 현금을 들고 있으면 바보 취급을 당할 정도로 개인과 기업의 투자가 활발해졌다. 여기저기서 부동산 가격이 급등했고 돈이 시장으로 끊임없이 흘러들어왔다. 사람들의 소비 패턴도 바뀌었다. 모든 소비가 당연히 온라인을 통해 이루어지게 되었고 사람들은 친구들을 만나거나 문화생활에 썼던 시간들을 실리콘밸리에서 개발한 여러 앱으로 대신했다. 실리콘밸리 회사들은 생각지 못한 높은 실적을 통해 자산이 늘어난 것뿐만 아니라, 가만히 앉아서 전 세계 투자 자금을 손안에 쥐게 되었다.

이 기간에 실리콘밸리는 여기저기 돈이 넘쳐났다. 그 덕에 상장하는 회사들의 숫자도 넘쳐났고 회사의 크기에 상관없이 너도나도 더 많은 제품 개발과 사업 확장에 열을 올렸다. 실리콘밸리 어디를 가나 제2의 골드 러시라는 말이 들렸다. 줄을 서서 FDA의 허가를 받은 모더나와 화이자 백신을 맞기 시작하던 2021년 초에는 마스크만 썼지 모든 것이 장밋빛이었다. 2021년 한 해 동안 미국에서만 1,000개가 넘는 회사들이 상장에 성공했다.

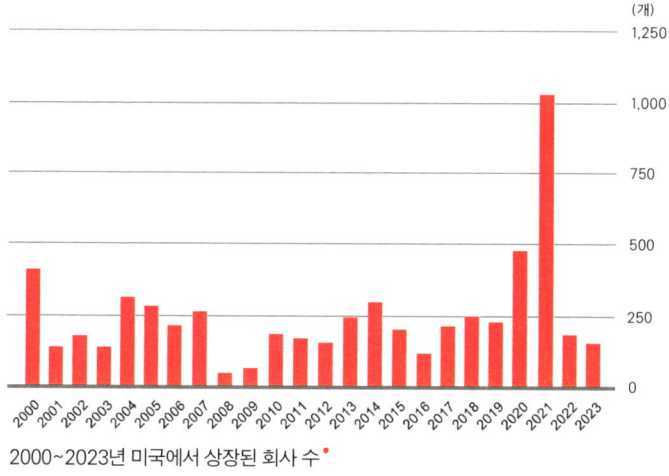

2000~2023년 미국에서 상장된 회사 수•

　이때 실리콘밸리에서는 스타트업 대기업 할 것 없이 모두가 사업을 확장할 목적으로 채용에 목을 매기 시작했다. 면접을 본 지원자가 별로 마음에 들지 않아도, 우리가 채용하지 않으면 경쟁사에 입사할까 봐 일단 뽑을 정도였다. 면접에 통과한 지원자가 다른 회사에서도 고용 계약서를 받았다고 하면 돈을 더 주고라도 우리 회사로 입사를 유도하는 게 관례였다. 지원자는 또 이런 방법으로 회사와 임금 협상을 하는 일이 흔했고 회사도 기꺼이 지원자의 요구에 맞춰 주려 노력했었다. 실리콘밸리는 이 기간을 거치며 우리가 보기에도 너무하다 싶을 정도로 일자리를 많이 늘렸다. 이렇게 채용이 전쟁처럼

• https://stockanalysis.com/ipos/statistics/

치열했던 기간에 인사 담당자들, 즉 리크루터와 헤드헌터의 일자리도 많이 늘어났다. 가만히 앉아만 있어도 하루에 수차례 헤드헌터들에게 혹시 이직 생각이 없냐는 이메일과 전화를 받을 정도였다.

실제로 2021년부터 2022년 중반까지 실리콘밸리에서는 한국과 비슷한 부동산 과열 현상이 일어났다. 그나마 이때는 재택근무가 대부분이라 실리콘밸리로의 인구 유입이 그렇게 많지는 않았지만, 워낙 부족한 집들 그리고 넘치는 투자금 등으로 몰려든 부동산 투자자들과 낮은 주택 대출금 등의 복합적인 이유로 집을 사고자 하는 사람들이 늘었다. 이때 나도 이런 분위기에 휩쓸려 샌프란시스코에 집을 구하러 열심히 부동산 업자를 따라다니며 계약서를 들이댔지만 경쟁이 너무 심해서 결국 몇 달 만에 포기했다.

15억 원에 나온 집은 웃돈으로 2~3억 원을 줘야 살 수 있을 때였다. 워낙 경쟁이 심해서 집을 사는 과정도 짧고 간단했다. 우선 집을 보러 가면 줄을 서서 들어가 5~10분 정도를 둘러본다. 그리고 마음에 들면 관련 서류를 부동산 업자와 검토한다. 서류를 자세히 볼 필요도 없다. 하자가 있는 집이라도 사겠다는 사람들이 줄을 섰으니 가격을 흥정할 수도 없기 때문이다. 보통 하루나 이틀 안에 결정해야 하기 때문에 복잡하게 이것저것 생각할 겨를도 없다. 집 사는 게 가게에서 옷 사는 것보다 쉽다고 농담 반 진담 반으로 친구들과 하소연하던 때였다. 너도나도 부동산 사이트를 뒤져서 마음이 드는 집이 보이면 며칠 만에 계약서를 넣고 기다렸다. 10억 원이 넘는 아파트를 실물도 안 보고 계약하기도 했다. 그냥 부르는 게 값이고, 가장 높은 가격을 부르는 사람에게 집이 팔렸다. 2022년 2월경에는 샌프란시스코 집은 보통 내놓은 지 열흘 만에 팔렸다.• 내 경험에도 집을 둘러보고 있을 때 그 자리에서 몇십억 원 되는 집을 현금으로 사겠다는 사람들을 볼 정도로 부동산 시장은 과열되어 있었다.

  이렇게 집도 사고, 남은 돈으로 투자도 하고 파티를 즐기고 있던 우리에게 갑자기 2022년 2월 러시아와 우크라이나의 전쟁 소식이 들려왔다. 우크라이나의 항복으로 금방 끝날 거란 예상과는 달리 전쟁은 오랫동안 계속되었고, 곧 유가를 시작으로 미국과 다른 여러 나라들의 소비자 물가 지수가 조금씩 오르기 시작했다. 그리고 예상대로 금리가 처음 상승세로 방향을 바꾸었다. 그에 맞춰 그동안 아무런 흔들림 없이 위로만 향하던 모든 주식 가격이 갑자기 하나둘씩 떨어지기 시작했다.

  2020년부터 2022년 초반까지 거의 0%에 가까웠던 금리는

• https://www.redfin.com/city/17151/CA/San-Francisco/housing-market

2022년 말에는 4%가 넘게 뛰었다. 미국 연방 준비제도가 금리를 올리자 다른 나라들도 따라서 올리기 시작했다. 이런 결과로 당연히 시장에는 현금이 줄어들고, 미래에 대한 불안감이 커지면서 투자자들은 시장에 풀어놓은 돈을 거둬들이기 시작했다. 이로 인해 실리콘밸리에서도 많은 기업들이 자금 부족으로 벌려 놨던 일을 축소하거나 취소했고, 그로 인해 그동안 비축해 놨던 인력들이 쓸모가 없어졌다. 그리고 본격적으로 정리 해고의 바람이 불기 시작했다.

    정리 해고의 숫자도 엄청났다. 해고 대상자가 많을수록 개인의 업무 성과나 연차, 급여 등을 고려하기보다는 성과가 좋지 않은 제품이나 팀, 부서를 한꺼번에 대상자로 정하는 사례가 많았다. 물론 예외도 있었지만 내 경험이나 언론의 분석을 봐도 대기업의 정리 해고는 보통 이런 경우가 대부분이었다. 해고하는 데 개인의 성과는 상관없기 때문에, 관리자도 자신이 관리하는 직원이 정리 해고 대상이 된 것을 통보받기 전까지 모르는 경우도 많았다. 보안 문제와 직원들의 불안감 조성 등 여러 가지 이유로 보통 회사의 최고급 간부 몇 명만 정리 해고 시행에 참여하기 때문이다. 물론 회사에 따라 매니저에게 정리 해고 명단을 작성하라는 경우도 있겠지만, 워낙 짧은 시간 동안 준비해야 하기 때문에 꼼꼼히 이것저것 따져서 명단을 작성하는 경우는 흔치 않다. 직원 개개인의 성과를 잘 아는 중간 매니저들이 명단 작성에서 배제되거나 반대로 매니저 본인들이 정리 해고 대상자가 되는 등 개인의 성과와는 별 관련 없이 명단이 작성되는 경우가 대부분이었다.

예를 들면 회사 제품 10가지 중에 제일 성과가 좋지 않거나 앞으로도 좋은 성적을 기대하기 어려운 2가지 제품을 고른 다음, 그 제품을 만드는 부서나 과에서 정리 해고 대상자를 정하는 것이다. 이렇게 대상자를 정하고 나면 그중에는 아까울 정도로 일을 잘하는 사람도 포함되고, 회사에서 일한 지 오래된 베테랑 직원도 속하게 된다. 또 이제 겨우 신입 딱지를 떼고 승진을 기대하거나 바로 전 분기에 승진한 직원들이 포함될 수도 있다.

그런 대상자 중 가끔 마음을 아프게 하는 경우는 육아 휴직 중이거나 개인적인 이유로 장기 휴직 중인 직원들이다. 특히 건강이나 육아 등의 이유로 장기 휴직 중인 사람들은 해고 통보를 받으면 정말 앞날이 캄캄해진다. 이런 사람들은 본인들이 처한 상황에서 새로운 직장을 바로 알아보기도 힘들고, 회사가 해고 통보 시 제시한 혜택이 끝나면 의료보험 등을 개인이 부담해야 하기 때문이다. 다행히 일하는 배우자가 있어서 가정에 한 명이라도 일하는 사람이 있다면 그나마 기댈 어깨라도 있지만, 그렇지 않거나 또는 일하지 않는 배우자나 아이들이 있다면 근심은 더 커지기 마련이다.

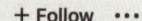

출산 휴가 중 직장에서 해고 통보를 받았다는 링크드인 글

    요즘 들어서는 이런 무차별 정리 해고를 실행하는 이유로 여러 가지 법적인 문제, 특히 차별에 관련된 논쟁이나 소송 등에 휘말리는 일을 어느 정도 피할 수 있다는 의견도 들린다. 물론 성과와 상관없는 정리 해고라 할지라도 직원들 중 PIP를 통보받았거나, 인사과의 경고 등 복잡한 문제에 연루된 직원들은 보통 정리 해고 대상자로 포함된다.

    이렇게 제품이나 부서를 기준으로 대상자를 선별해서 해고 통보를 시작하면 운 좋게 명단에 끼지 않은 직원들은 처음에는 안도의 한숨을 쉬지만, 시간이 좀 지나면 앞으로 다가올 수 있는 제2, 제3의 정리 해고 때문에 불안해진다. 한번 정리 해고 바람이 지나간 회사는 분위기가 많이 가라앉는다. 남은 사람들의 죄책감과 상실감도 생각보다 크다. 미래에 대한 불안감이나 다음에 닥칠 정리 해고에 대한 두려움을 떠나서, 그냥 밀려오는 상실감을 견디기 힘들다. 친구를 잃은 상실감, 회사의 신뢰나 충성에 대한 회의감, 내 일과 그 대가에 대한 공허함도 포함된다. 그러나 어디 가서 하소연하기도 힘들다. 그나마 정리 해고는 피했으니 해고 대상자들을 생각해서 조용히 일하는 게 예의라 그렇다. 정리 해고 후에 오는 남은 직원들의 회사에 대한 불신과 상실감 그리고 개인적으로 느끼는 앞날에 대한 불확실성은, 회사에서 더 열심히 일하는 계기가 되기보다는 오히려 역효과를 부른다는 게 보통 전문가들의 견해다.* 그래도 실리콘밸리의 정리 해고는 아직도 끝이 없어 보인다.

그나마 작은 회사들이 감행하는 정리 해고는 개개인의 성과에 따라 대상자를 선정하는 경우가 많다. 아무래도 작은 회사들은 직원들의 성과를 가늠하는 것이 대기업처럼 어렵지 않고, 데이터들도 짧은 시간에 소화할 분량이기 때문이다. 또

* https://hbr.org/2022/12/what-companies-still-get-wrong-about-layoffs

작은 회사는 대기업들처럼 제품이 여러 개인 경우가 드물기 때문에, 제품별로 또는 부서별로 한꺼번에 진행하는 정리 해고에는 어려움이 있다. 그나마 작은 회사에 남아 있는 직원들은 미래에 다시 올 수 있는 해고를 대비해 열심히 일하겠다는 다짐이라도 할 수 있지만, 대기업 직원들은 별로 대비할 만한 수단이 없다.

2

찬바람이 불어도 새로운 기회는 있다

그 어디보다 탄탄하게 성장한 실리콘밸리에서 정리 해고가 시작되자 이곳뿐만 아니라 전 세계 경제, 사회학 분야에서도 관심을 보였다. 우선 가장 먼저 화두가 된 것은 누가 정리 해고 통보를 받았냐이다. 기존에 성과가 좋지 않은 사람들을 대상으로 한 정리 해고와 달리 많은 회사에서, 특히 대기업에서는 사업이나 제품의 팀 전체가 정리 해고 대상자가 되었다. 그 때문에 시장에서는 자금이 줄어들고 사업을 축소하려는 움직임이 보일 때 어떤 사람들, 또는 어떤 분야가 가장 취약점을 보이는가에 주목하는 것이다. 통계 전문 회사인 365 데이터 사이언스365 Data Science에서는 2022~2023년에 실리콘밸리에서 정리 해고 통보를 받았다고 공개한 링크드인 이용자

1,157명의 프로필을 분석했다.

  분석 결과를 보면 정리 해고를 감행함과 동시에 많은 회사들이 앞으로 상당 기간 채용을 줄일 예정이므로, 인사와 채용 담당 직원들이 두드러지게 많이 해고 대상이 되었다. 개발자를 포함한 엔지니어들은 22% 정도다. 나이대를 비교해 보면 20~30대 직원들이 가장 큰 타격을 받았으며, 근무 기간 2.5년, 경력 11.9년인 직원이 가장 많이 포함되었다.• 30대 중간 경력층이 실리콘밸리에서 가장 두터운 층을 형성하기 때문에, 결국 나이나 경력은 정리 해고 결정에 별로 중요한 요인이 되어 보이지 않는다. 다른 분석을 보아도 인사나 채용 부분이 많은 영향을 받은 것을 제외하고는 특별한 특징을 보이지 않는다. 최근 600명을 정리 해고한 애플의 사례도 이런 트렌드를 잘 보여 주고 있다. 2024년 4월 애플이 7년간 투자했던 애플워치의 자체 제작 디스플레이 사업과 모든 이들의 관심이 집중되던 애플카 사업을 모두 접으면서, 여기서 일하던 직원들이 대량 해고 대상이 된 것이다.

  요즘은 정리 해고 통보를 받은 사람들도 담담하게 받아들이는 경우가 많다. 실리콘밸리 전반에 걸쳐서 요즘은 해고 소

• https://365datascience.com/trending/who-was-affected-by-the-2022-2023-tech-layoffs/

식에 대해서 별로 민감하지 않은 편이다. 오랫동안 여러 정리 해고 소식에 무덤덤해진 탓도 있겠지만, 재취업에 당당히 성공한 사례를 많이 접했기 때문이기도 하다. 2023~2024년 초반 미국의 전체 실업률은 4% 미만으로 상당히 낮은 편이다. 미국 노동통계국의 발표에 의하면 2023년 11월 기준 재취업 준비 기간은 9.2주밖에 되지 않는다. 내 주위에서도 정리 해고 통보를 받은 여러 친구들이 약 두 달 정도의 준비 기간 후 재취업에 성공하는 경우가 대다수였다. 즉, 지금 실리콘밸리에서 정리 해고를 당해도 통계적으로 대다수는 회사에서 지급하는 퇴직금과 의료보험이 적용되는 기간 내에 재취업에 성공한다는 뜻이다.

물론 아무리 재취업이 쉽다고 해도 정리 해고 통보를 받았을 때의 정신적 충격은 받아 본 사람만 알 수 있다. 그러나 내가 한국, 호주, 캐나다 등 여러 나라에서 일한 경험과 비교해 봤을 때, 실리콘밸리는 정리 해고에서도 좀 다른 태도를 보인다. 가장 두드러져 보이는 것은 정리 해고 대상자들의 공개적이고 활발한 네트워크다.

회사 규모와 상관없이, 여기는 회사마다 퇴직한 사람들의 모임이 눈에 띄게 활발하다. 이런 퇴직자들의 모임이 여기서는 정리 해고 이전부터 활발하게 이루어졌다. 물론 처음에는 친목 도모가 주목적이었지만, 이런 단체 등을 통해서 사람들

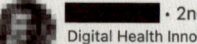

퇴직자 모임 회원을 모집하는 링크드인 글

은 전에 일하던 회사 이야기를 전해 듣거나 재취업하려는 사람들을 돕는다. 이런 모임은 꽤 적극적이어서 여러 명이 같이 다른 회사 채용 절차를 밟거나 다른 퇴사 관련 정보를 공유하기도 한다. 특히 전직 리크루터 또는 채용 매니저로 면접을 자주 주도했던 사람들은, 이력서를 검토해 주거나 면접 시 필요한 내용들을 공유하면서 조금이라도 재취업을 하려는 사람을 돕고 있다.

여기서는 개인적인 성과보다는 회사의 사업 사정이나 제품의 수익성 등의 이유로 정리 해고 명단이 구성되는 경우가 많기 때문에, 이렇게 해고 통보를 받은 사람들을 채용하는 데 거리낌이 없다. 그래서 여기서는 해고된 일을 숨기려는 사람도 별로 없다. 보통은 떳떳하게 링크드인 등을 통해서 본인이 이번 정리 해고에 포함되었으며, 앞으로 새로운 일자리를 찾고 있다는 소식을 전하는 것이 대부분이다. 이렇게 구직 활동 자체가 공개적으로 활발히 이루어지기 때문에 해고된 사람들이 별 거리낌 없이 이전 직장에 도움을 청하는 일도 흔하다. 특히 동료 추천서를 자주 요청하는데 여기서는 채용 시 자주 요구되는 자료다. 이런 추천서는 보통 설문지 형식으로 몇 가지 주어진 질문에 대답을 하는 간단한 형태도 있고, 때에 따라서는 새로운 회사의 채용 매니저나 인사과 직원과의 전화 통화 등을 요구할 수도 있다.

나도 캐나다에서 한 번 그리고 실리콘밸리에서 첫 개발자로 일하던 회사에서 정리 해고 통보를 받았었다. 요즘처럼 이메일 한 장으로 통보되는 정리 해고에 비하면 그나마 그때는 정리 해고도 참 인간적이었다. 실리콘밸리에 처음으로 입사한 회사에서 11개월 남짓 일하고 있었을 때, 회사 사정이 악화되어 개발자 부서 전체가 어느 날 갑자기 해고 통보를 받았다. 부서 전체라고 해 봤자 2명이 다였다. 그때 점심 먹고 사무실로 돌아가는 길에 맥주 한 박스를 사고 남아 있는 다른 직원들과 함께 마시면서 아쉬운 작별 인사를 하며 눈물도 흘리고, 서로 안고 배웅해 줬던 추억이 이제 여기서는 보기 힘든 일이다. 지금도 그때 동료들과 가끔 만나서 옛날 이야기를 한다. 그때 제품 매니저는 어디서 무엇을 하고 사는지, 뉴욕으로 이사 간 자바스크립트 개발자 친구는 요즘 어느 회사에 다니는지.

3

그나저나 퇴직금은 얼마 받나요?

정리 해고 이야기가 나올 때 가장 궁금한 내용은 당연 퇴직금일 것이다. 우선 미국에서는 한국의 퇴직금이라는 개념이 없고 금전적인 보상이 법적으로 보장되어 있지도 않다. 그래서 사직서를 내면 원래는 돈 한 푼 없이 그냥 '굿바이'다. 1년을 다니든 30년을 다니든 다를 바가 없다. 회사에 따라 오랫동안 근무했을 시 계약서에서 제시하는 일종의 보너스 등이 있을 수는 있어도 법적으로 보장된 돈이나 혜택은 없다.

실리콘밸리는 연봉도 높고, 근무 환경도 좋은 회사들이 대부분이라 많은 분들이 여기서 오래 일하면 퇴직금이 많을 것이라고 생각한다. 그러나 실리콘밸리도 미국이다. 여기서는 그런 혜택은 없다고 봐야 한다. 여기서는 정리 해고를 당하거나 또는 어떤 이유에서든 강제 퇴사를 당하면 회사에서는 퇴직 수당Severance Pay 또는 퇴직 패키지Severance Package라고 해서 소정의 돈과 혜택을 준다. 이것도 회사에 따라 그 내용이 많이 다르다. 그래도 최근 실리콘밸리에서 많은 정리 해고가 비슷한 시기에 행해졌고, 또 그에 따른 해고 지원 내역이 많이 언론에 공개되면서 대기업들끼리는 그 내용이 비슷해졌다. 앞에서도 언급했듯이 노동법으로 퇴직금이 보장되어 있지 않기 때문에, 돈보다는 의료보험이나 각종 재취업에 관한 혜택인 경우가 대부분이다. 다음 자료는 2023년 1월 구글 CEO 순다르 피차이의 정리 해고 발표에서 가져온 정리 해고 퇴직금과 혜택*이다.

- 법적 통보 기간(60일)에 해당하는 급여 지급
- 16주 급여 + 근무 연수당 2주 급여 지급
- 최소 16주 상당의 주식 지급
- 2022년 보너스와 사용하지 않은 휴가 지급
- 6개월간 건강보험, 취업 지원 서비스 및 이민 지원 제공

이렇게 대기업들이 먼저 무엇이든 시행하면 다른 회사들도

* https://blog.google/inside-google/message-ceo/january-update/

그 선례를 따르기 마련이다. 그래서 보통 중간 규모의 다른 실리콘밸리 회사들도 이와 비슷한 혜택을 준다. 참고로 첫 번째 '법적 통보 기간(60일)에 해당하는 급여 지급'은 법적 문제 때문에 지급되는 돈이다. 원래 직원이 100명 이상인 기업의 고용주는 50명 이상을 해고할 시 60일 전까지 해당 직원에게 고지해야 한다. 하지만 실제로는 거의 모든 회사가 정리 해고 시 즉각 퇴사를 요구하기 때문에 어쩔 수 없이 60일간, 즉 법적 통보 기간만큼 돈으로 대신 주는 것이다. 그러니까 한마디로 60일간의 급여는 회사가 자진해서 해당 직원들에게 주는 돈이 아니라 강제로 줘야 하는 돈이라 볼 수 있다. 그러나 나머지 16주에 해당되는 회사 주식, 보너스, 각종 취업 지원 등은 미국에서는 드문 수준의 지원이다. 여기서 주목해야 할 부분은 바로 6개월간의 건강보험이다.

실리콘밸리도 마찬가지지만 미국에서 직장을 다니는 거의 모든 사람들은 회사가 제공하는 의료보험에 의존한다. 그래서 직장을 잃으면 가장 큰 문제는 의료보험의 상실이다. 나 또는 내 가족이 병이 있으면, 예로 당뇨나 고지혈증처럼 항상 처방전이 필요한 약을 복용하는 경우에는 회사에서 제공하는 의료보험이 없으면 큰돈이 들어간다. 미국에서는 직장을 가지고 있으면 보통 회사가 의료보험료의 60~100%를 내준다. 실리콘밸리에서는 회사가 부담하는 금액이 꽤 높다. 거의 모든 회사들이 90~100% 정도로 높은 비율을 내주고, 본인 부담은 거의 없거나 가족이 있는 경우 추가로 지급하는 것이 보통이다.

이런 의료보험은 종류에 따라 금액이 천차만별이다. 조금 싼 보험은 제약이 많다. 예를 들면 꼭 지정된 병원에만 가야 한다거나 아니면 치료나 의사 상담 시 내야 하는 본인 비용이 높을 수도 있다. 반면 비싸고 좋은 보험들은 미국 내 어느 병원을 가도 높은 보험 혜택률을 제공받거나, 본인이 원하는 병원을 선택할 수 있고 보험이 되는 처방 약의 종류도 다양하다. 그래서 암이나 수술이 필요한 큰 병에 걸려도 돈 걱정 없이 최고의 의사에게 진료받거나 최신 기기 또는 신종 약물 치료를 선택할 수도 있다. 어떤 보험을 선택하느냐에 따라 미국의 의료 제도는 가격이 많은 차이를 보이기도 하지만 무엇보다 제도 자체가 복잡하다. 그래서 본인의 보험이 적용되는 병원에 가도 재수 없으면 보험이 적용되지 않는 의사에게 진료를 받아야 할 수도 있다. 이러면 수십만 원의 진료비가 고스란히 내 주머니에서 나가게 된다. 그럼 이런 직장 보험료는 얼마나 비쌀까?

의료 정책을 연구하는 비영리 단체인 KFF의 연구에 따르면 회사가 부담하는 연간 평균 보험료는 2023년 기준 8,435달러(약 1,000만 원), 가족보험은 23,968달러(약 3,000만 원)라고 한다.* 그러나 이것은 미국 표준 보험일 때이다. 실리콘밸리에서 제공하는 보험은 이 금액의 두 배가 넘는 경우도 있다. 그만큼 실리콘밸리 회사들은 프리미엄 의료보험을 제공하고 회사가 내주는 부담금도 거의 90% 이상인 경우가 흔하다.

만약에 회사에서 보험료로 한 달에 100만 원을 내주고 있었다면 퇴사할 때 내가 그 돈을 전액 부담해야 한다. 한국이나 캐나다처럼 국가에서 보장하는 의료보험이 있는 사람들은 이렇게 의료보험이 비싼 것을 꿈에도 상상 못 할 것이다. 여기서는 직장이 없으면 의료보험으로 한 달에 수백만 원을 내야 할 수도 있다. 오바마 케어 덕택으로 저소득자가 되면 국가가 내주거나 보조해 주는 나름 꽤 괜찮은 보험에 가입할 수도 있지만, 그렇지 않은 이상은 다 본인 부담이다.

아기가 곧 태어날 예정이거나 심각한 질병을 치료하는 중이라서 병원이나 의사를 바꾸는 게 쉽지 않은 경우 당연히 기존의 보험을 유지하고 싶어 한다. 그러나 해고되면 수입도 없는데 의료보험으로 한 달에 몇백만 원씩 내고 싶지 않으면 어쩔 수 없이 조금 더 싼 보험을 찾아야 한다. 그래서 미국 사람들은 섣불리 직장을 그만둘 수도 없고, 해고 통보를 당하면 절망감을 더 크게 느낀다. 그래서 요즘에는 앞으로 닥칠지도 모

- https://www.kff.org/wp-content/uploads/2023/10/Figure-1-1.png

르는 정리 해고를 대비하기 위해 재직 당시에 일부러 싼 보험에 가입하는 사람들도 있다. 그래야 퇴사를 당하고도 같은 보험을 계속해서 유지할 때 부담이 덜 되기 때문이다. 위의 예시처럼 해고한 직원들을 배려하는 회사들은 조금 더 길게 약 6개월간 의료보험료를 지급한다. 그나마 이런 혜택이 있는 사람들은 재취업을 할 때도 조금은 더 여유가 있다.

여기는 외국에서 온 사람들도 많아서 보통 정리 해고 시 외국인 노동자들에 대한 비자 관련 혜택이 포함되는 경우가 많다. 우선 외국인 노동자가 해고되면 비자마다 제시하는 조건에 따라 해고 당일 바로 미국을 떠나야 할 수도 있고, 아니면 어느 정도까지 머물면서 다른 고용주를 찾을 수도 있다. 이런 기간을 그레이스 기간Grace period이라고 하는데 이 기간에 사람들은 새 비자를 지원해 줄 새 고용인을 찾는다. 지정된 기간에 새 고용주를 못 찾으면 미국을 떠날 수밖에 없다. 여기서 가장 많이 보는 비자의 종류는 보통 퇴직 후 60일의 그레이스 기간이 있는 경우다. 그러면 60일간 구직 활동과 더불어 혹시 재취업이 그동안 안 될 경우를 대비해 미국을 떠날 준비도 병행한다. 그나마 가족 없이 혼자 이곳에 있는 사람들이야 여차하면 본국으로 돌아가면 되겠지만 가정, 특히 자녀가 있는 사람들에게는 돌아가는 결정과 과정이 복잡하기 마련이다. 특히 정리 해고 결정이 10~11월경에 내려졌다면 더 막막하다.

미국에서는 추수감사절과 크리스마스가 있는 11~12월은 보통 채용이 거의 중단되기 때문이다.

실제로 내 친구 중 하나는 미국에서 10년을 일하고 영주권 신청 심사를 받던 중 해고를 당해 캐나다행을 택했다. 요즘 캐나다는 실리콘밸리에서 퇴사를 권고받은 사람들을 모셔 가느라 바쁘다. 그 친구는 가족들과 함께 한 번도 안 가본 캐나다로 이주할 거라며, 캐나다에서 좀 살아본 경험이 있는 나에게 토론토는 얼마나 춥냐고 묻더라. 그나마 신속한 결정과 결단력에 지금은 그 친구가 벌써 캐나다에 자리를 잡고 새 직장을 다니고 있다는 소식이 들려와 다행이다. 12월 말인데 아직 그렇게까지 춥지는 않다고 캐나다 겨울을 얕잡아 보는 친구에게 나는 토론토는 5월에도 눈이 올 수 있다고 슬쩍 겁을 줬다.

결론적으로 미국에서는 교사, 공무원 또는 노동조합이 결성된 조직 등에서 일하는 것이 아니라면 퇴직하고 금전적으로 받는 혜택은 거의 없다고 봐야 한다. 다만 여기서도 직장을 잃으면 실업 급여는 신청할 수 있다. 그러나 외국인 근로자들은 실업 급여를 꼬박꼬박 냈어도 그 혜택은 볼 수도 없다. 보통 영주권이 없는 외국인 근로자들은 해고를 당하면 미국 거주 자격을 상실하는 것이 대부분이기 때문이다.

그렇다면 정년퇴직을 하는 경우는 어떨까? 요즘은 한국에서도 정년퇴직이라는 말은 공무원이나 연금이 있는 사람들에게만 적용되듯이, 미국에서도 이런 특수한 경우를 빼고는 정년이라는 것이 존재하지 않는다. 세금이나 연금으로는 공식적으로 두 가지의 '퇴직 나이'가 존재한다. 첫 번째는 연금을 받는 나이, 즉 사회 보장 퇴직 연령Social Security Retirement Age이 되어 연금을 받는 나이다. 미국인이나 영주권자들은 연금을 받는 나이가 되면 연금을 신청할 수는 있다. 연금의 나이나 금액은 본인의 세율과 태어난 연도에 따라 다르다.* 1960년 이후에 태어난 사람들은 67세가 되면 혜택을 받을 자격이 된다. 금액은 물론 본인이 일한 기간이나 세금을 낸 금액에 따라 다르다.

두 번째는 퇴직연금 저축에서 지정하는 나이, 즉 401(k)가 정의한 나이다. 401(k)는 근로자들이 퇴직을 위한 자금을 투자할 수 있는 비과세 저축이다. 근로자는 월급에서 일정 금액을 401(k) 계좌에 예금하고, 이 자금은 주로 주식, 채권, 펀드 등 다양한 금융 상품에 투자된다. 그리고 이 금액만큼은 소득세를 내지 않아도 되기 때문에 실리콘밸리에서 일하는 많은 사람들은 이를 미래를 위한 저축과 세금을 줄이는 수단으로 많이 이용한다. 또 많은 회사들이 '401(k) 매칭'이라고 해서 직원이 낸 금액의 2~5% 정도나, 매년 정해진 금액으로 보통

* https://www.ssa.gov/pubs/EN-05-10035.pdf

400~700만 원 정도를 직접 이 계좌로 입금해 준다. 이 연금을 수령할 수 있는 나이는 60세부터다. 특수한 상황을 제외하고 60세 이전에 이 돈을 인출하면 10%의 위약금과 소득세를 내야 한다.

미국에서는 이 둘을 제외하고는 특별한 다른 연금 제도가 없고, 또 연금은 여러 가지 이유로 변동이 많을 수 있기 때문에 보통의 중산층에서는 401(k) 저축이 가장 큰 퇴직 준비라고 할 수 있다. 그런데 내가 돈을 많이 번다고 해서 401(k)에 무한정 많은 돈을 넣고 세금 혜택을 볼 수 있는 것은 아니다. 매년 국가가 그 상향 금액을 정한다. 예를 들어서 2023년의 경우에는 3천만 원 정도였다. 그래서 여유가 있는 사람들은 꼬박꼬박 이 돈을 미래를 위해 월급에서 빼 저축한다. 60세 이후에 별다른 소득이 없으면 이 돈만 받으면서 세금 걱정을 하지 않아도 되니, 오랫동안 저축을 해 왔다면 그래도 미국에서는 퇴직 준비를 나름대로 잘했다고 봐야 한다. 그나마도 미국에서는 약 34.6%만이 401(k)를 이용하고 있다.•

다행히 지금 미국의 노년층인 베이비 부머들은 젊을 때 사둔 부동산이 가격 급등을 해서 자산이 많이 늘었지만, 앞으로

• https://www.census.gov/library/stories/2022/08/who-has-retirement-accounts.html

의 세대들도 이런 혜택을 누릴 수 있을지는 큰 의문이다. 여기서도 현재 젊은 미국인들은 곧 고갈될지도 모르는 연금에는 희망을 별로 걸지 않는다. 또 한국과 달리 여기서는 의료보험료가 만만치 않기 때문에 퇴직할 때 더 큰돈이 필요하다. 이래서 전 세대들에 비해 요즘의 젊은이들은 노후 준비를 더 철저히 해야 할지도 모르겠다.

4

정리 해고가
가져온 변화들
그리고 미래

 실리콘밸리에서는 요즘에도 정리 해고라는 단어를 듣지 않거나 사용하지 않는 날이 별로 없는 것 같다. 2022년부터 본격적으로 시작된 실리콘밸리의 정리 해고는 그해 중반쯤에는 주춤하는 기세를 보이다가 2024년에도 계속되고 있으며 당분간은 지속되리라는 게 업계의 전망이다.

 실리콘밸리의 정리 해고가 생각보다 규모가 크고 오래 지속되고 있어서 업계 안팎에서 놀라움을 감추지 못하고 있다. 실리콘밸리의 대기업은 감원 계획이 사전에 언론을 통해 발표되기도 하지만, 중소기업이나 스타트업들은 소리 없이 진행되다가 해당 직원들에게 이메일이나 전화 등을 통해 해고 통보를 하는 경우가 대부분이다. 이렇게 대규모의 정리 해고

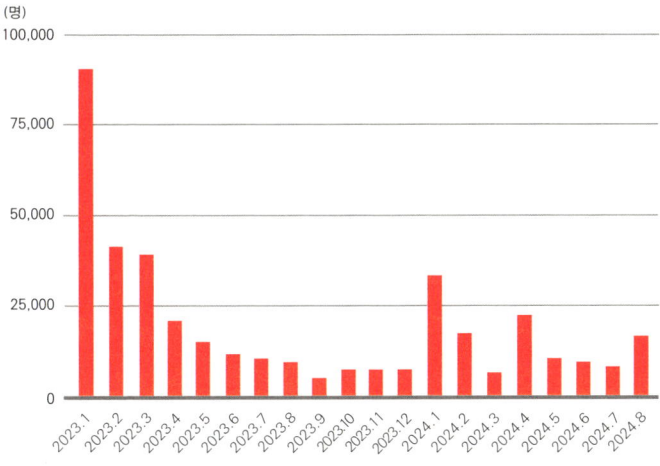

2023~2024년 실리콘밸리 정리 해고 인원•

가 계속 진행되다 보니 이제는 정리 해고에 관한 뉴스들도 별로 놀랍지 않게 느껴진다. 회사들도 처음에는 신중하고 인간적인 방법으로 정리 해고 통보를 전하려 애쓰던 모습에 비해, 이제는 해고를 진행하는 회사나 통보를 받는 사람들도 차갑고 정형화된 통보에 익숙해진 모습들이다. 전화 한 통화도 없이 이메일로 해고 통보를 하거나 아무 말도 없이 이메일과 일과 관련된 모든 앱 계정을 끊어 버리는 일들은 이제 놀랄 일도 아니다.

    출산 휴가를 갔다가 해고 통보를 받은 엄마들, 콘퍼런스에

- https://layoffs.fyi/

갔다가 회사에서 다급하게 걸려 온 전화로 해고 통보를 받은 사람, 또 심지어는 면접관으로 면접을 진행하던 중에 회사에서 앱 계정을 끊어 버려 면접을 끝내지 못했다는 사람 등 해고에 관한 사연들도 가지각색이다. 이런 이야기들을 자유롭게 하는 것도 하나의 트렌드가 되었다. 예전에는 아무리 전에 다녔던 직장이라도 부정적인 이야기를 공개하는 건 약간 거리낌이 있었지만, 요즘 링크드인에 올라오는 정리 해고 이야기들을 보면 어떨 때는 너무했다 싶을 정도로 차가운 해고 통보 방식에 실리콘밸리가 이런 곳인가 싶을 정도다.

    실리콘밸리의 전체적인 해고가 가져온 가장 큰 변화는 아무래도 여기서 일하는 사람들의 힘이 축소된 것이다. 물론 실리콘밸리에서 일하는 사람들이 다른 곳에 비해 많은 혜택을 받고, 다른 어디에서도 경험하지 못한 특권을 누리며 일했던 것은 사실이다. 지금도 연봉이나 직원들이 누리는 혜택은 미국의 모든 기업들과 비교해 봐도 좋은 것은 사실이다. 처음 정리 해고가 시작됐을 때만 해도 대기업 직원들은 회사의 불공평하거나 뚜렷하지 않은 정리 해고 방식에 대해 회사의 입장을 요구하거나 파업을 하기도 했다. 그러나 정리 해고가 이제 업계에서 일상화되자 이러한 반응들은 사라졌다. 처음에는 조직들이 정리 해고를 투자 자금의 축소 등 경제 상황에 대한 어쩔 수 없는 조치로 해명했다면 이제는 하나의 경영 방식으로 자리를 잡은 듯하다.

실리콘밸리에서 일하는 여러 친구들과의 대화나 개인적인 경험을 통해서도 변한 분위기를 실제로 많이 접한다. 특히 연봉 협상이 많이 달라졌다. 면접을 시작하기도 전에 인사과에서 우리 회사는 연봉 협상을 하지 않는다고 선을 긋고 시작하는 곳도 여럿 생겼다. 즉, 우리 연봉은 이 정도니 싫으면 면접을 시작도 하지 말라는 경고다. 예전에는 회사에서 마음에 드는 지원자가 생기면 연봉을 중간 점으로 맞춰 주거나 다른 혜택, 두둑한 실적 보너스나 이직금 Signing bonus 등을 제시하던 타협적인 태도와는 많이 달라진 모습이다.

물론 아직도 이런 혜택을 제시하는 직종과 회사들은 존재하겠지만, 전반적으로는 힘의 균형이 기업으로 넘어간 전형적인 고용주 시장 employer's market 의 모습으로 변한 것은 사실이다. 꼭 새 직장으로의 이직이 아니더라도 회사 안에서 직원들의 연봉 협상도 많이 축소되었다. 임금을 동결해 버린 회사도 많고 보너스를 줄이거나 없애 버린 회사도 있다. 회사에서 별다른 이유 없이 임금을 10~20% 삭감한다고 전체 통보를 했다는 이야기도 간혹 들린다. 구인 광고를 올리지도 않았는데 밀려 들어오는 이력서들의 숫자를 보면서, 연봉 협상은커녕 지금 구직 활동을 안 하는 것만으로도 다행이라고 생각하는 직원들이 많아졌다.

회사가 직원들을 대하는 태도도 눈에 띄게 달라졌다. 예전 같으면 직원들의 입장을 고려하면서 합의점을 찾으려고 노력했을 만한 일들도 이제는 '싫으면 나가Take it or leave it'라는 식의 태도를 보이는 곳이 많다. 2024년부터 재택근무를 철회하고 출퇴근을 요구하는 회사들 중에는 이 조치에 불만이 있으면 사직서를 쓰라고 선포한 곳도 있다. 콘퍼런스로 가는 자금을 직원 혜택에서 제외하거나 식사 제공을 없앤 회사들 이야기도 들린다.

또 요즘 들어 시작된 흥미로운 트렌드는, 회사들이 정리 해고를 할 거라는 정보를 미리 넌지시 직원들에게 알리는 일이다. 이전 같으면 극비리에 행해질 정리 해고를 회사에서 미리 몇 달 전에 발표하는 것이다. 정리 해고 대상자의 명단이나 팀의 지목 없이 대량 정리 해고를 몇 달 안에 할 거라고 발표를 하면, 직원들은 해고 통보를 받을 것을 대비해 알아서 재취업 준비를 시작한다. 이렇게 되면 자발적으로 퇴사하겠다는 직원들이 생긴다. 이런 전략은 대량 정리 해고를 계획하는 회사의 입장에서는 여러 가지 면에서 돈을 절약하는 효과를 낼 수 있다. 대신 회사에서 꼭 필요하고 퇴사하지 않기를 바라는 직원들에게는 미리 더 많은 주식이나 혜택을 지급해서 퇴사를 막는다.

이렇게 분위기가 살벌할 때 아이의 출산을 계획하는 젊은 직원들, 회사에서 허락한 안식년을 계획한 사람들, 이런 저런 개인적인 이유로 휴가를 계획했던 사람들은 많은 갈등을 하게 된다. '출산 휴가를 오랫동안 가도 괜찮을까?', '내가 없는 사이에 정리 해고가 진행되면 내 자리는 안전할까?' 같은 불안 때문이다. 무제한 휴가를 내세우는 많은 회사에서 근무하는 사람들은, 말이 좋아서 무제한 휴가지 휴가 일수가 정해진 회사보다 오히려 눈치 보인다는 사람들도 생겼다. 많은 이들에게 실리콘밸리에서 자부하던 일과 생활의 균형은 조금씩 기울어져 가고 있다.

이렇게 쉼이 필요하지만 쉬지 못하고 본인의 일이 의미가 별로 없지만 다른 곳으로의 이직이 힘들어지면, 사람들은 자연스럽게 번아웃하게 되면서 시키는 일만 하려는 '조용한 사직Quiet Quitting' 운동으로 번진다. 실제로도 고용 시장이 좋지 않은 지금 실리콘밸리에서 번아웃이라는 말은 공식적으로는 거의 들어간 상태다. 친구들끼리는 허물없이 너도나도 번아웃이라고 하지만 실제로 매니저와의 상담이나 회사 안에서는 번아웃이란 단어를 쓰는 것을 꺼린다. 다음에 있을 정리 해고에 혹시나 영향을 미칠까 하는 마음 때문이다. 그 대신 다들 조용히 최소한의 자기 일에만 집중한다. 보이는 성과에만 신경 쓰고 그렇지 않은 일들은 뒷전으로 미룬다. 반대 의견을 내는데도 주춤해지고 잘못된 일을 지적하려는 목소리도 많이 줄게 된다. 이제는 나서지 말고 그냥 남들처럼 조용히 가려고 노력한다는 소리를 자주 듣게 된다.

아무리 정리 해고가 실적과는 관계가 없다고 해도 일하는 사람들 사이에서는 아무래도 신경이 쓰이게 마련이다. 내 주변에서는 승진에 관심이 없어진 사람들도 많아졌다. 괜히 승진하겠다고 했다가 매니저랑 실랑이를 하는 것도 두렵고 괜히 돈 더 달라고 했다가 정리 해고 대상이 될 것 같아서다. 승진을 해도 문제다. 월급이 높아지면 기대감만 커지고 그렇게 살얼음판을 걷느니 그냥 편하게 지금 자기 자리나 지키겠다는 나름의 전략이다. 이렇게 많은 이들이 조용히 고개만 끄덕이는 '예스맨Yes-man'으로 변해 가는 중이다.

또 요즘 들어서 실리콘밸리 대기업들이 많이 비난받는 이유가 DEIDiversity, Equity, Inclusion 즉 다양성, 평등, 포용 프로그램을 정리 해고의 이유로 축소시킨 일이다. 회사의 입장에서야 모든 부서가 다 정리 해고 대상자가 되었고 그중 이 프로그램에 참여하던 직원들도 해고 대상이 되었다고 둘러댔지만, 우리가 느끼기에도 요즘은 대기업들이 실리콘밸리에서 오랫동안 지향해 오던 평등한 채용, 다양한 인재들에 대한 평등한 대우 등은 뒷전으로 밀려났다.

대기업에 다니는 사람들도 어떤 제품이나 부서에서 일하느냐가 중요해졌다. 예전 같으면 내가 관심 있는 분야에서 일하고 싶다고 말하던 뚝심 있던 사람들도, 조심스럽게 제품의 미래 전망을 생각해 보지 않을 수 없게 되었다. 아무리 내가 원하는 일이 있어도 앞으로의 시장 반응이나 제품의 성공이 불확실하면 선택을 꺼릴 수밖에 없다. 일을 할 때도 예전에는 필요하다고 생각하는 일이나 내가 잘 모르지만 배우고 싶었던 일을 별 고민 없이 선택했다면, 이제는 최소한의 시간으로 잘할 수 있는 일을 선택한다. 그래야 내 성과가 쉽게 올라가기 때문이다. 이것이 정리 해고의 태풍이 머무는 이곳의 현실이다.

  이런 해고의 분위기가 계속되면 앞으로 실리콘밸리에서 젊은 신입 사원들의 부족도 전반적인 문제로 거론될 것이다. 신입 사원들, 특히 갓 대학을 졸업한 사회 초년생들의 입사가 전체적으로 많이 줄었기 때문이다. 정리 해고를 대량으로 하고 나서 신입 사원을 예전처럼 많이 뽑는 회사들은 흔치 않다. 인턴을 뽑지 않는 회사들도 많이 늘었다. 실리콘밸리에서는 특히 컴퓨터나 프로그래밍 학과를 졸업한 학생들은 지난 몇 년 동안 거의 문제없이 크고 작은 회사에 신입 사원으로 입사가 가능했다. 그런데 이젠 그것도 쉽지 않다. 4년제 대학을 졸업하고서 예년 같았으면 대기업들이 서로 모셔 갈 이들이 이제는 이력서를 쏠 곳도 많지 않게 되었다. 1~2년 정도야 이런 일이 별로 시장에 큰 악영향을 미치지 않겠지만, 앞으로도 이런 분위기가 계속되면 몇 년 후 시장이 좋아져서 투자가 늘면 또 실리콘밸리는 무차별적으로 사람들을 서둘러 뽑는 모습을 보일 수 있다. 끊임없는 지식의 전달과 새로운 세대의 교육 및 투자가 없으면 실리콘밸리도 어쩔 수 없이 지식의 격차가 생길 것이고, 또 오랫동안 힘들게 이루어 낸 다양성은 다시 후퇴하게 될 것이다.

그렇다고 해서 실리콘밸리에 있는 모든 사람들이 이렇게 우울한 생각만을 하는 것은 아니다. 특히 인공지능 분야에 종사하는 사람들에게는 지금이 따뜻한 봄날이다. 이 분야는 정리 해고와는 전혀 관계가 없어 보인다. 아직도 채용이 많고 급여나 혜택도 최근 더 많이 좋아졌다. 또 여러 가지 경제적인 지표들을 봤을 때 실리콘밸리의 앞날을 낙관하는 사람들도 많다. 이런 낙관론은 자연히 투자로 이어지고, 투자는 채용을 낳는다. 앞의 여러 지표를 통해서도 알 수 있지만 미국의 경제, 특히 IT 분야에서의 취업률은 전체적으로 높고 또 해고를 당한 사람들의 재취업 준비 기간도 생각보다 길지 않다. 지금의 실리콘밸리 정리 해고도 코로나19 때처럼 한순간의 일이 될 수 있다. 특히 현재 시가총액 기준 전 세계 기업 순위*를 보면 실리콘밸리 회사들이 대부분 앞자리를 차지하고 있다.

- https://companiesmarketcap.com/

그래서 정리 해고를 당한 이들 중에는 곧바로 재취업을 준비하기보다는 새로운 공부를 하거나 더 수요가 좋은 기술, 특히 인공지능을 배우는 데 시간을 투자하는 사람들이 늘었다. 어차피 사람들을 많이 채용하지 않는 지금, 재취업이 어렵기도 하지만 재취업을 해 봤자 예전만큼 좋은 대우를 기대하기도 어렵기 때문이다. 수요와 공급에 따라 달라지는 기업들의 채용 전략이나 직원을 대하는 온도 변화를 느끼며 봄을 기다리는 것도 나쁘지 않은 전략이다.

얼마 전 미국의 여러 정부 기관에서 기술 부서들이 최근 수년간 채용에 골머리를 앓고 있다는 소식*을 접했다. 여러 가지 이유가 있겠지만 여러 가지 정보를 종합해 보면 정부 기술 부서와 사기업들, 특히 실리콘밸리 회사들과의 임금 격차를 가장 큰 이유로 뽑았다. 이것은 오랫동안 실리콘밸리가 얼마나 미국의 인재들을 장악했는지를 보여 주는 좋은 예다. 실리콘밸리에서 일하는 나도 최근 들어 너무 많은 기술 인력들이 실리콘밸리에만 몰리는 것이 아닌지 은근히 걱정이 될 정도였다. 특히 정부 부처뿐만 아니라 학술계에서도 박사과정을 마친 이들이 예전 같으면 학술계에 계속 머무르며 여러 가지

* https://www.federaltimes.com/opinions/2023/10/24/why-federal-agencies-have-a-retention-problem-and-what-to-do-about-it

연구 분야에서 일하거나 다음 세대들에게 지식을 전달하는 일을 했을 텐데, 요즘은 학위를 취득하면 사기업으로의 전환을 선호하는 경우가 많다고 한다. 물론 이것은 돈뿐만 아니라 학술계가 가지고 있는 여러 고질적인 문제들도 기여한다.• 그러나 실리콘밸리의 거대한 자본과 화려한 명성도 이들의 결정에 한몫하는 것은 분명해 보인다.

이는 미국만의 일이 아니다. 캐나다, 영국, 인도 등 여러 나라에서 컴퓨터 공학으로 알아주는 대학 졸업생들도 실리콘밸리로 오는 사례가 많았다. 실리콘밸리 회사들이 전 세계 어느 곳보다 높은 연봉과 조건을 제시하기 때문이다. 실제로 캐나다의 워털루 대학은 캐나다에서는 컴퓨터 공학으로 1위인 명문 대학이지만 최근 10여 년 동안 '캐나다 실리콘밸리 양성소'라는 별명이 붙을 정도였다. 워털루 대학의 많은 학생들이 졸업과 동시에 실리콘밸리로 오거나 캐나다에 있는 실리콘밸리 회사들로 취직했기 때문이다. 이렇게 미국뿐 아니라 전 세계에서 모여든 기술 인력들이 수년 동안 이곳으로 몰려들면서 이곳이 얼마나 인간의 생활을 풍요롭게 하는 일을 했는지 새삼 묻게 된다. 전 세계의 너무 많은 기술 인력들이 여기서 우리가 떠받들고 있는 회사들에 묶여, 인간에게 오히려 해가 되

• https://www.nature.com/articles/d41586-023-03298-7

는 제품이나 소비성 앱들을 만들고 궁극적으로는 소수의 배만 불리는 일을 하는 것이 아닌가 생각해 볼 일이다. 특히 요즘 들어 SNS가 미치는 사회적인 악영향이나 실리콘밸리 회사들의 엄청난 위력과 재력 그리고 걷잡을 수 없는 시장 장악 등을 뉴스나 학술서 등을 통해 접할 때면 여기서 일하는 나도 걱정하지 않을 수 없다. 어쩌면 실리콘밸리의 정리 해고와 채용 감소가 젊은이들에게 무조건 돈을 벌기 위해 실리콘밸리를 택하기보다, 좀 더 의미 있고 사회에 도움이 되는 일을 할 기회를 주는 계기가 될지도 모르겠다.

Chapter 7

내가 느낀
회사 밖
실리콘밸리의 민낯

1

실리콘밸리에서는
모두 백만장자만
살까?

내가 어릴 때만 해도 실리콘밸리는 똑똑한 사람들의 성지였지 부자들이 많이 사는 곳이라고 보는 이들은 많지 않았다. 지금으로부터 거의 100년을 거슬러 올라가 처음 스탠퍼드 대학을 중심으로 초기 반도체 산업과 전자 기술의 새 시대가 열리고, 1950년쯤 실리콘밸리라는 말이 세계에 알려지기 시작했을 때 이곳은 주로 반도체 산업으로 알려진 도시였다. 그리고 그 후 IBM, 페어차일드Fairchild 등 다양한 반도체 및 컴퓨터 기술 사업이 번창하면서 드디어 1970년대 우리가 들어봄 직한 애플, 인텔, 시스코, 마이크로소프트, 오라클 같은 회사들이 탄생했다. 물론 이때도 '화려한 시기'라고 불리지만 컴퓨터가 개인에게 보급되고 모든 사람들이 인터넷에 접속하기 시작한 2000년대 구글, 페이스북 등을 통해 대중을 위한 소프트웨어 앱 시대가 열리게 되면서, 실리콘밸리는 '똑똑한 사람들'만 사는 곳에서 '똑똑한 젊은 부자들'이 사는 곳으로 자리를 잡았다.

밖에서는 이 지역을 실리콘밸리라고 하지만 여기에 사는 사람들은 이 지역을 샌프란시스코만 지역 San Francisco Bay Area 이라고 하거나 그냥 만 지역 The Bay Area으로 부르는 경우가 많다. 샌프란시스코는 실리콘밸리의 발상지인 스탠퍼드 대학이 있는 팔로 알토 Palo Alto에서 50km 정도 떨어져 있고 차로 40분, 통근 기차로는 1시간이 조금 못 되는 거리에 있다. 예전에는 실리콘밸리에 있는 구글, 애플, 메타 등의 대기업으로 통근하는 사람들이 회사에서 가까운 팔로 알토와 그 근교 지역에 많이 살았다. 하지만 많은 실리콘밸리 회사들이 사무실을 샌프란시스코로 확장하고 회사에서 운영하는 통근 버스들이 늘어나면서, 자연스럽게 샌프란시스코에서 살면서 실리콘밸리 회사로 통근하는 사람들도 늘어났다. 샌프란시스코뿐만 아니라 그보다 더 먼 동쪽 오클랜드, 버클리 그리고 남쪽으로 산호세까지 사람들이 샌프란시스코나 팔로 알토 주변으로 출퇴근하다 보니, 통근 시간이 1시간 반에서 2시간이 훌쩍 넘는 사람들도 제법 있다. 한국과 달리 미국은 전반적으로 대중교통이 좋은 편이 아니라, 보통은 차로 출퇴근하거나 기차역에 차를 세워 놓고 반은 운전, 반은 대중교통으로 다니는 경우가 많다.

"실리콘밸리에는 백만장자들만 살까?"라는 질문에 내가 지역 이야기를 하는 데는 이유가 있다. 물론 연봉이나 주식 이야기부터 할 수도 있지만, 돈 얘기를 하려면 미국에서도 부동산 이야기를 하지 않을 수가 없다.

서울도 아파트 가격은 전 세계에서 둘째가라면 서러울 정도로 비싸지만 여기도 만만치 않다. 참고로 미국에는, 아니 한국 말고 어떤 나라에도 '전세'라는 개념은 없다. 전세는 한국 부동산 시장에만 있는 특수한 제도이다. 여기서는 집을 사든가 아니면 보통 원룸 기준 3,000~4,000달러(약 4~6백만 원)를 월세로 내는 경우가 대부분이다. 실리콘밸리를 끼고 어느 방향으로 한 시간 정도를 가도 그 가격이 별로 차이가 나지 않는다. 물론 스탠퍼드 대학이 있는 팔로 알토나 샌프란시스코의 중심가는 조금 더 비싸고, 거기서 멀어질수록 가격은 조금씩 내려간다.

다음 표는 부동산 전문 업체 리얼터realtor에서 가져온 자료다. 구글, 메타 그리고 스탠퍼드 대학이 있는 팔로 알토의 부동산 평균 가격, 즉 제일 싼 집과 제일 비싼 집을 일렬로 세워 놨을 때 그 가운데에 있는 집값이라고 생각하면 된다. 2021년 이후로는 부동산 가격이 급등해서 40~60억 원이다.

이렇게 집값이 비싸다 보니 실리콘밸리에 집을 가지고 있

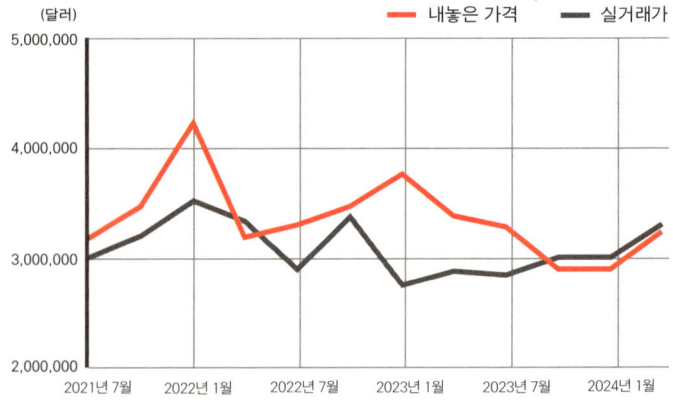

팔로 알토의 내놓은 집 가격 대비 실제 집 거래 가격•

는 사람들은 다 백만장자라고 보는 것이 맞다. 백만 달러(약 13억 원)에 못 미치는 집은 이 동네에는 거의 없다. 완전히 쓰러져 가는 집, 즉 수리가 많이 필요한 집이나 정말 작은 15~16평 정도의 원룸이나 아파트 정도는 10억 원 미만으로 구입이 가능할 수도 있다. 아파트가 조금 싼 가격에 나와도 여기서는 아파트를 구입하면 달마다 내야 하는 입주자 관리비 Homeowners Association, HOA가 백만 원이 훌쩍 넘어가는 경우도 많아서 계산을 잘 한 다음 구매를 결정해야 한다.

물론 현금만으로 집을 사는 사람들은 별로 없다. 여기서

• https://www.realtor.com/realestateandhomes-search/Palo-Alto_CA/overview

도 보통은 주택 대출을 받는데 초기 보증금을 약 20% 정도만 현금으로 준비하고 나머지는 대출을 받는 경우가 흔하다. 20%가 없으면 대출 보험에 가입해야 하는데 대출 금액의 0.3~1.5% 사이다. 대출이 어려워 집 구입을 포기했다면 어쩔 수 없이 월세를 살아야 한다. 월세가 워낙 높다 보니 억대 연봉이라도 세금에 공과금까지 내고 나면 웬만해서는 돈을 모으기 힘들다. 그래서 실리콘밸리 젊은이들 중에는 집을 사기 위해 돈을 모으는 사람들도 많지만, 포기하고 인생을 즐기는 쪽을 택하는 경우도 있다.

집값에 비례해서 공과금이나 다른 서비스 품목 즉 음식점, 술집, 미용실 등 각종 생활비도 다른 도시에 비해서 높은 것은 당연하다. 그래서 가끔 부모님이나 다른 지역 친구들이 실리콘밸리에 놀러 오면 어디를 가나 가격에 놀란다. 커피 한 잔 마시려고 해도 한 잔에 만 원이 넘는다. 근처 평범한 음식점에 가서 4인 가족이 아침 식사를 한다면 최소 12만 원은 생각해야 한다. 미용실은 포기한 지 오래다. 커트도 10만 원이 훌쩍 넘는 게 기본이다. 그뿐 아니라 팁도 요즘은 최소 20~25%를 요구하는 경우가 흔하다. 거기에 여러 가지 다른 요금들, 세금이나 직원들의 의료보험, 교육비까지 가격에 추가되면 메뉴에 2만 원이라고 쓰여 있던 음식이 4만 원으로 금세 변한다. 그래서 요즘 들어 실리콘밸리에서는 음식점이나 술집에 가지

샌프란시스코의 각종 물가

평균 집값	월세	전기 요금	월 핸드폰 요금	휘발유
1,386,107달러	4,214달러	234.11달러	251.85달러	1.24달러/리터

주거비, 공과금 및 교통비 _샌프란시스코의 집값은 미국 평균보다 207% 더 비싸다. 공과금도 32%, 교통비와 휘발유 가격도 38% 더 비싸다.

식빵 한 장	우유 1리터	계란 12개	바나나 한 송이	햄버거 1개
5.09달러	0.844달러	2.95달러	4.41달러	6.73달러

식료품비 _샌프란시스코 식료품비는 미국 평균보다 31% 더 비싸다.

일반 병원 진료비	치과 진료비	안과 진료비	처방 약	수의사 진료비
163.63달러	141.18달러	154.13달러	602.90달러	73.79달러

의료비 _샌프란시스코의 의료보험료는 미국 평균보다 31% 더 비싸다.

않고 집에서 친구들을 초대하는 일이 흔해졌다.

    우리가 우스갯소리로 실리콘밸리에 가장 많은 것이 테슬라와 시바견이라고 할 정도로 여기는 테슬라 같은 럭셔리 차량이 많은 것도 사실이고, 돈 걱정 없이 유럽 여행을 해마다 가

- https://www.payscale.com/cost-of-living-calculator/California-San-Francisco

는 사람들도 많다. 하지만 그래도 여기 살면서 본 바로는 신중하게 소비하는 알뜰족도 많은 편이다. 월세가 워낙 높아서 혼자 사는 사람들은 방 2개짜리 아파트를 구해서 두세 명이 나눠 살거나 심지어 원룸에서 같이 살기도 한다.

한국에서도 요즘 중고 거래 이용자들이 늘고 있다는 이야기를 들었지만 여기서는 중고 거래가 이제 하나의 비즈니스로 자리 잡은 지 오래다. 여기서는 동네에 하나씩 있는 중고 가게도 자주 이용하지만 요즘은 명품이나 고가의 스포츠 용품 등을 파는 회사들도 자사의 물건을 소비자에게서 되사서 파는 곳도 많다. 메타와 구글이 있는 멘로 파크Menlo Park라는 동네에 있는 중고 가게에서는 심심치 않게 명품 브랜드의 옷이나 가방이 나와 한국 친구들이 오면 이런 데 가서 쇼핑하는 재미도 쏠쏠하다. 여기 사람들은 중고에 대한 거부감이 한국보다 적어서 그런지 친구들끼리도 중고 제품을 사고파는 것에 대해 전혀 거리낌이 없다. 가끔은 몇십억 원짜리 집이 있는 친구가 동네 중고 가게에 가서 접시나 커튼을 산다는 소리를 들으면 피식 웃음이 나온다.

학기가 시작하는 9월쯤이 되면 팔로 알토에 위치한 스탠퍼드 대학 학생들이 이사하면서 가구를 사고파는 중고 거래가 활발하다. 이때 동네에 익숙한 고학년 학생들은 중고 가게를 뒤지는 대신 팔로 알토와 그 옆의 더 부촌인 에서턴Atherton 근처를 아침부터 차로 한 바퀴 돈다. 버려진 고가의 가구, 옷, 가재도구 등이 수십억 원짜리 집 앞에 쌓여 있다. 심지어는 곱게 신던 명품 운동화, 테니스 라켓, TV나 고급 오디오 세트 등 고가 제품이 나와 있는 경우도 많다. 이런 횡재를 하는 것도 이 지역 학생들의 특권이다. 또 여기서는 동네마다 창고 할인 Garage Sale이라고 해서 봄이나 가을에 날짜를 정해 놓고 전체 주민이 쓰던 물건을 내놓고 파는 일도 많다. 이런 곳에서는 중고 가게보다도 더 싸게 물건을 살 수 있다. 책이든 옷이든 주방용품이든 1~3달러 정도면 쓸만한 것들을 건질 수 있다.

요즘 한국에서도 '올드머니 룩'이 유행한다고 들었다. 올드머니란 여기서도 많이 쓰는 말로 오래전부터 대대손손 내려오는 돈을 말한다. 특히 요즘 주식이나 여러 투자를 통해 부를 축적한 젊은 신흥 부자들인 누보 리시 Nouveau Riche와 비교해 전통적으로 부자였거나 계급이 높았던 사람들을 더 선호하는 경향에서 유행된 말이다. 실리콘밸리도 계속해서 집값이 오르면서 대대손손은 아닐지라도 이 지역에 오래전 집을 샀던 사람들이 올드머니를 가진 사람들로 불린다.

캘리포니아에는 제안 13호 Proposition 13라는 법 조항이 있는데, 재산세를 집 구입 가격의 1% 이내로 제한하고 부동산 평가 금액의 연간 상승률도 2% 이내로 제한하는 법이다. 내가 1억 원에 집을 사면 10년 후에 이 집이 100억 원이 되어도 재산세가 구입 당시와 비슷하다. 그 말은 내 옆집이 내 집하고 집값은 같아도 집을 소유한 시점에 따라 내는 세금은 천지 차이라는 뜻이다. 예를 들어 내가 지금 집을 10억 원에 구입하면, 재산세는 10억 원의 1%인 천만 원이다. 1년에 나는 천만 원을 세금으로 내야 한다. 그런데 내 옆집은 비슷한 집을 15년 전에 1억 원에 구입해서 세금이 1년에 100만 원이 조금 넘는 것이다. 이 법의 주요 목적은 계속해서 오르는 부동산 가격으로부터 소유주를 보호하려는 취지다. 집을 구입한 뒤 집의 가치가 100억 원이 되면 갑자기 오른 세금을 내지 못해 소유주가 집을 팔아야 하는 사태가 오는 것을 막기 위해서다.

소유주 입장에서야 당연히 이득이지만, 이 법은 캘리포니아의 부족한 주택난을 더욱 가중시키는 주요 요인으로 지목되기도 한다. 또 이런 낮은 세율은 지역 경제의 발전을 저하시키는 원인이 된다. 아무리 부촌이더라도 동네 주민들 대부분이 오랫동안 집을 보유하고 있던 사람들이라면 걷히는 세금이 턱없이 낮기 때문이다. 그래서 매년 예산을 지방세로 충당해야 하는 학교나 도서관들은 항상 돈이 부족할 수밖에 없다. 여러 다른 복합적인 이유가 있겠지만 이런 낮은 주택 보유세 역시 이곳 학교들이 항상 학부모에게 기부를 강요하는 요인이 되기도 한다. 이런 소유주를 우대하는 세금 정책 때문에 여기서는 한번 구입한 집은 어지간해서는 팔려고 하지 않는다. 다른 주로 이사를 가면야 모를까, 노후에 내가 집을 팔고 그 돈으로 비슷한 지역에 싸고 작은 집으로 이사를 하고 싶어도 새집에 대한 세율이 높기 때문에 그렇게 이득처럼 보이지 않는다. 그래서 나이 많은 사람들이 수십억 원 되는 집을 팔지 않고 끝까지 끌어안고 있다가 자식들에게 물려주는 경우가 많다. 좋은 취지에서 시작된 법안이었지만, 결과적으로는 부동산 시장을 과열시키고 또 재산이 계속 대물림되어 올드머니의 고리를 만든 주된 원인 중 하나가 되었다.

내가 본 실리콘밸리는 어떻게 해서든지 살아남으려고 애쓰는 사람들, 많이 있어도 더 움켜쥐려는 사람들, 그리고 몇몇의 운 좋은 부자들이 공존하는 곳이다. 내가 볼 때 이곳의 저소득층은 한국보다 더 힘든 삶을 산다. 우선 의료보험 하나만 봐도 그렇다. 의료보험이 없거나 보험이 있어도 진료비가 비싸서 아프면 그냥 참고, 약국에서 파는 진통제로 하루하루 버티는 사람들이 여기에는 너무 많다. 그래서 미국 어디를 가나 약국 체인점에 가면 우리가 흔히 생각하는 상비약뿐 아니라 웬만한 의료 도구는 거의 다 구입할 수 있다. 미국의 저소득 가정에서는 어지간한 병이나 상처는 자가 치료와 민간요법으로 집에서 해결하는 경우가 대부분이다. 내 친구 중에 이마에 큰 흉터가 있어서 별명이 '해리 포터'인 친구가 있다. 그 친구가 대학을 졸업하고 취직을 못 해서 부모님 집에 얹혀살고 있을 때 오토바이 사고가 났는데, 의료보험이 없어 어머니가 직접 집에서 이마를 봉합하면서 생긴 그야말로 아픈 가난의 상처다.

여기도 마크 저커버그, 팀 쿡, 셰릴 샌드버그, 그 밖의 여러 할리우드 스타, 스포츠인 등 유명한 부자들이 즐비한 부촌이 있고, 거기서 10여 분만 걸어가도 보석금을 빌려주는 가게 Bail Bonds가 빼곡히 서 있는 거리, 월급 통지서를 맡기고 고금리의 사채를 파는 가게 Payday Loans가 줄줄이 서 있는 진기한 광경을 본다. 이렇게 극과 극의 현실을 볼 수 있는 곳이 또 실리콘밸리다. 우리는 그 중간에서 어느 쪽과 더 가깝게 우리의 인생을 놓느냐에 따라 성공을 가늠한다.

2

여기선 아이비리그 졸업장이 필요 없는 이유

한국에서도 명문 대학으로 잘 알려진 스탠퍼드 대학에서는 "스탠퍼드 오리Stanford Duck가 되지 말라"라는 말을 학생들에게 자주 한다. 스탠퍼드 오리란 강에 고요히 떠 있는 오리처럼 남들 앞에서는 공부에 관심 없는 척 놀기만 하는 것처럼 보여도 뒤에서는 밤샘 공부에 목을 매는, 즉 이중생활을 하는 학생들을 말한다. "쟤는 공부를 열심히 해서 성적이 좋다"라는 말보다 매일 밤 파티에 가고 친구들과 어울려 다니면서도 "쟤는 천재라서 공부를 잘한다"라는 말을 듣고 싶어하는 학생들이 바로 스탠퍼드 오리들이다.

열심히 일하는 사람보다 선천적으로 똑똑한 이들을 더 우러러보는 현상은 비단 스탠퍼드 대학에만 있는 것은 아니다.

시대를 초월해 어느 사회나 조직에서든 이런 현상은 흔히 목격된다. 최근 미국 대학생들을 대상으로 한 조사*에 의하면 사람들은 특정 분야, 예로 수학, 과학, 경제학 그리고 음악 작곡 등의 분야에서 특히 타고난 천재성이 더 중요하다고 답했다. 또 이런 믿음은 많은 사람들이 "나는 천재가 아니라서 이 분야에서는 성공할 수 없다"라며 학업을 포기하거나 진로를 바꾸는 이유가 되기도 한다. 그리고 이런 타고난 능력을 우대하는 사회나 조직일수록 동등한 기회를 제공하기보다는 선택된 일부에게 기회를 몰아주는 현상이 뚜렷하게 나타난다.

스탠퍼드 오리 현상이 보여 주듯 타고난 능력이나 천재를 우대하는 문화Culture of Genius는 미국에도 오랫동안 존재했다. 학교에 다니는 학생들에게는 공부를 안 해도 시험을 잘 보는 친구들이 천재라고 불리지만, 사회에서는 좋은 학교를 졸업한 이들, 특히 아이비리그 출신들이 천재로 여겨지는 경우가 많다. 예일 맨Yale Man 또는 예일리Yalie, 하버드 맨Harvard Man 등의 용어는 미국 영화나 고전 등에 자주 등장하는 단어다. 이런 사람들은 무엇을 공부했는가, 실제로는 어떤 성과를 내고 있는가와는 상관없이 어떤 일이든 뛰어난 능력을 발휘하거나 명문가에서 태어나 좋은 교육을 받은 사회의 모범적인 엘리

* https://www.science.org/doi/abs/10.1126/science.1261375

트들로 묘사된다. 물론 좋은 학교를 나온 사람들이 다 좋은 집안 출신이거나 선천적으로 공부에 재능이 있는 사람들이라고 할 수는 없겠지만, 우리가 채용을 결정하거나 능력을 평가할 때 무의식적으로 졸업한 학교의 이름을 떠올리는 이유는 학교의 명성, 이미지뿐만 아니라 그 학교 졸업생들의 업적을 개인의 성과나 잠재 능력으로 혼동하는 데서 온다. 그래서 면접관들이 명문 학교 졸업자를 '이 사람은 뭐든지 시키면 잘할 사람이다'라고 믿고 채용을 결정하는 것이다.

그럼 실리콘밸리에서도 학력과 학벌을 중요하게 여길까? 신입 사원, 인턴 등의 자리는 명문 학교 졸업자에게 기회의 폭이 더 있어 보인다. 그러나 요즘 들어서 실리콘밸리에서 추구하는 인재상은 성장 마인드셋Growth Mindset을 가진 이들이다. 성장 마인드셋이란 누구나 노력만 하면 능력과 잠재력을 끊임없이 올릴 수 있다는 믿음이다. 그래서 이런 믿음을 가지고 사는 사람들은 진화할 수밖에 없다. 많은 논문과 연구 등을 통해서 이렇게 성장할 수 있다고 믿는 사람들에게 기회를 주는 조직들이 고정 마인드셋Fixed Mindset, 즉 개인의 능력이나 지능이 고정되어 있고 변화하거나 발전할 수 없다는 사고방식을 가진 조직보다 좋은 성과를 낸다고 알려지면서 이곳에서도 최근 인재에 관한 많은 문화가 바뀌었다.

재능 있는 진상talented jerk들, 즉 진상을 떨어도 능력이 좋은 직원들을 그러려니 하면서 봐주고 심지어는 우대하던 문화는, 이제 아무리 능력이 있어도 남들과 같이 일 못 하면 퇴출시키는 문화로 바뀌는 중이다. 좋은 학교를 나오지 않았거나 또는 졸업장이 없어도 성장 가능성을 보여 주는 사람들에게 기회를 주고 적극 지지하는 것은, 이런 문화가 직원들의 사기를 높이고 일의 효율을 끌어올릴 뿐 아니라 다양한 상품을 만들기 위한 필수 조건이기 때문이다. 마이크로소프트*를 비롯해 많은 실리콘밸리 회사들이 이런 성장 마인드셋을 채용이나 개인 성과 평가 그리고 진급 절차에 활용하는 이유가 바로 여기에 있다. 이런 조직에 속한 사람들은 스탠퍼드 오리처럼 스트레스를 받으면서 남모르게 경쟁에 열을 올리거나 자신의 성공만 내세우는 대신, 모르는 것을 서로 묻고 돕는다. 별로 내세울 것이 없어 보이는 평범한 직원이 적극적으로 배우고 열심히 노력해서 성공하는 것을 보면 성과와 상관없이 모든 이들이 '나도 할 수 있다' 또는 '더 잘할 수 있다'라는 믿음을 갖게 된다.

  이런 기업 문화의 변화 덕분에 이곳에서는 명문 대학에 나오지 않아 후회된다거나 승진이 어렵다고 말하는 사람들을

---

* https://hbr.org/2016/10/how-microsoft-uses-a-growth-mindset-to-develop-leaders

보기 어렵다. 여기서는 학력과 상관없이 열심히 배워서 실력이 오르면 취업이나 승진 때 거의 동등한 기회가 주어진다. 같은 맥락으로, 명문 대학 출신들이 아이비리그를 나온 덕에 대기업에 들어갔다거나 그렇지 못해 이력서는 써 볼 생각도 못 했다는 말을 듣는 일도 없다. "하버드 대학 선배 덕에 회사에 자리가 났다는 소식을 듣고 입사할 수 있었다" 또는 "MIT를 같이 다녔던 친구 추천으로 면접을 보게 되었다" 같은 이야기는 간혹 듣지만, 이런 이야기들은 성공 또는 기회가 학력이나 학연으로 좌지우지된다는 말과는 상당한 차이가 있다.

스타트업뿐 아니라 대기업에서도 마찬가지다. 아이비리그를 꼭 나와야 이런 회사에 들어갈 수 있는 것도 아니고 이런 회사 직원들이 다 명문 대학 출신도 아니다. 면접을 볼 때나 승진 또는 업무 평가 때 학교 이름이나 학력을 거론하는 일도 보기 힘들고 심지어는 누가 어느 대학을 나왔는지 묻는 경우도 흔치 않다. 더 나아가서 엔지니어 기술 면접을 볼 때는 면접관들에게 이력서를 보지 말고 면접에 참여하기를 제안하는 회사도 있다. 지원자의 배경과는 상관없이 기술 면접을 좀 더 공정하게 실행하려는 의도에서다.

물론 실리콘밸리에서 생각하는 성장의 마인드셋도 학벌을 중요하게 여기지 않는 이유가 되겠지만, 또 다른 이유로 실리콘밸리가 요구하는 인적 자원의 수를 꼽을 수 있다. 여기는 정말 많은 사람들이 필요하다. 투자의 방향이나 시대의 유행에 따라 필요로 하는 인력이나 기술은 조금 다를 수 있어도, 한 가지 분명한 것은 여기에 계속해서 일자리가 창출되고 있다는 점이다. 아이비리그 출신자들만 가지고는 이 큰 경제를 이끌 수가 없다. 미국인만으로도 일자리를 다 채울 수 없어서, 실리콘밸리 회사들은 더 많은 외국인 노동자를 끌어들이기 위해 정부에 비자 정책을 완화할 수 있도록 로비를 하고 실제로 많은 외국인 노동자들의 비자를 지원한다. 또 정규 과정이 아닌 부트캠프나 독학으로 공부한 사람들도 배우고자 하는 의지만 있다면 일할 수 있다.

 전반적으로 미국에서 학교나 학력에 대해서 중요하게 여기는 점이 있다면 학교 이름보다는 전공이다. 한국과 비슷하게 미국에서도 의대에 진학하기 유리한 학과들Pre-med 즉, 생물, 화학, 심리학, 수학 또는 취업이 쉽거나 연봉이 높은 직업과 연계되는 공학, 법학 등이 경쟁률이 높고 자연히 더 높은 SAT(미국의 대학 입학시험) 점수를 요구˙한다. 물론 명문 대학의 의대는 다른 곳보다 더 높은 점수를 요구하겠지만, 좋은 학교를 가기 위해 가고 싶은 학과를 포기하기보다는 학과를

- https://www.niche.com/about/enrollment-insights/data-dive-popular-majors-on-niche/

정하고 본인의 점수에 따라 학교를 선택하는 일이 더 흔하다. 이것은 미국에만 있는 특징이라기보다는 내가 경험한 호주나 캐나다에서도 마찬가지였다. 그나마 요즘 실리콘밸리에서는 무엇을 공부했는지도 그리 중요해 보이지 않는다. 기술직을 채용할 때는 필요한 기술과 그에 따른 경력만 있으면 학력을 요구하지 않는 경우가 대부분이다.

공부를 잘해서 명문 대학에 간다면 좋겠지만 그렇지 않더라도 너무 좌절할 필요는 없다. 살면서 어떤 기회가 올지 모른다. 꼭 대학을 졸업하고 대기업에 이력서를 쓰거나 공무원 시험을 보면서 남들이 생각하는 성공적인 삶을 살려고 할 필요는 없다. 조금만 눈을 돌리면 남들이 보지 못한 색다른 기회들도 주위에 많다. 대학을 졸업하고 특별히 하고 싶은 일을 한국에서 찾기 힘들다면 외국으로 눈을 돌려 보는 것도 나쁘지 않다. 워킹 홀리데이나 배낭여행 등 돈을 많이 들이지 않고도 외국에서 잠깐 살아 보거나 일할 수 있는 기회들이 요즘은 많다. 어디를 가든 중요한 것은 무엇이든 노력하면 될 수 있다는 믿음 그리고 끊임없는 자기 계발이다.

3

그렇게 바쁘다면서
다들 연애는
잘하네

한국에서도 그런지 모르겠지만 요즘 미국에서는 데이팅 앱이 없으면 연애하기 참 힘들다. 요즘은 술을 마시러 친구들과 술집에 가도 낯선 사람들과 이야기하는 풍경을 보기가 힘들다. 젊은 친구들에게 왜냐고 물었더니, 데이팅 앱에서 그냥 관심 있다고 메시지를 보내면 바로 이 사람도 나에게 관심이 있는지 없는지 알 수 있는데 뭣하러 낯선 사람에게 어색하게 말을 거냐고 하더라. 한마디로 승산이 낮은 시도는 안 하겠다는 말이다. 특히 친구들이 보는 앞에서 퇴짜를 맞으면 더 어색할 텐데 요즘은 이런 무모한 행동은 잘 안 한다는 것이다. 그래서 요즘은 술집이나 공원에서 마음에 드는 사람을 만나도 말을 잘 안 건다. 또 혼자 있는 사람들은 헤드폰을 쓰고 있거나 스마트폰을 보고 있는 경우가 많으니 실례가 될까 봐 말 걸기도 조심스러운 게 사실이다.

한국에서도 제법 사용자가 있는 것으로 알고 있지만 미국에서는 틴더Tinder라는 앱이 인기가 많다. 틴더의 성공 비결은 바로 사람들의 '쪽팔림을 줄이는' 매칭 전략, 즉 거절을 최소화하는 전략 때문이다. 틴더에서는 나와 상대방이 서로 마음에 들어야 첫 대화가 성립된다. 그러면 최소한 상대방이 나에게 호감이 있다는 전제하에 대화를 시작하기 때문에 상대방이 답장할 확률도 높고, 설령 답장을 못 받아도 '나를 거절했다'라는 생각은 적게 들기 때문이다. 요즘은 이런 틴더의 전략을 다른 데이팅 앱들도 쓰고 있다.

실리콘밸리의 연애가 다른 곳과 큰 차이가 있다면 아마 이곳의 인구 특성 때문일 것이다. 이곳은 남성이 여성보다 상대적으로 많다. 특히 젊은 20~30대까지는 데이팅 앱에서 그 현상이 더 뚜렷하게 보이는 듯하다. 40대 초반 싱글 여성인 내 친구 중 하나는 실리콘밸리에서 10여 년 살면서 여러 남자를 만나다 보니 만나는 남자들을 엑셀로 관리한다. 앱마다 만나는 남자들의 직업, 나이 등이 다 비슷하니 같은 남자를 다른 앱에서 또 만나는 어색함을 피하기 위해서다. 그 친구의 달력에서 목요일부터 토요일 저녁 시간대는 데이트로 꽉 찼다. 그러나 그 친구가 10년째 이렇게 연애를 위해 많은 시간과 노력을 투자했는데도 아직도 싱글인 데는 물론 여러 가지 이유가 있겠지만, 너무 많은 선택이 언제나 좋은 결과를 보장하는 것은 아님이 분명하다. 다만 남자가 많다고 해서 실리콘밸리가 여자들에게 데이트 천국이라고 생각하면 오산이다. 그저 숫자상으로 보면 여자에게 다른 곳에 비해 유리하다는 말이다. 여기에는 아무래도 비슷한 나이의 개발자 또는 다른 IT 관련 직종의 사람들이 많기 때문에, 이런 남자들이 본인 타입이 아니라면 오히려 선택의 폭이 줄어들 수도 있다.

또 하나 실리콘밸리 연애의 특징을 꼽자면 아무래도 젊은 사람들이 많기 때문에 결혼을 생각하고 진지하게 만나는 사람들이 많지 않다는 점이다. 한마디로 가볍게 즐기려고 만나는 사람들이 대다수라는 뜻이다. 그래서 결혼 적령기인 사람들에게는 실리콘밸리의 연애가 쉽지 않을 수 있다. 꼭 틴더뿐만 아니라 매치 Match.com 나 오케이큐피드 Okcupid.com 등 오랫동안 30대 이상에게 인기 많은 나름대로 진지한 분위기의 앱에서도 결혼 상대를 찾는 것은 아니라고 처음부터 선을 긋는 사람들이 많다.

젊은 사람들이 많은 샌프란시스코가 워낙 관광이나 문화적으로 유명해서 큰 도시라고 생각하는 경우가 많은데, 뉴욕이나 시카고 등 미국의 다른 큰 도시들과 비교해 봤을 때는 생각보다 작다. 그래서 여기서는 거리에서 아는 사람들과 마주치는 경우가 많다. 실제로 주말이나 저녁에 음식점이나 술집, 클럽 등에서 예전에 같이 일하던 사람들, 친구들, 동료 등 아는 사람들과 우연히 만나는 일이 잦다. 예전에 한번 한국에서 친구가 놀러 와서 같이 샌프란시스코 한복판을 걷다가 아는 친구들 몇 명을 길거리에서 만났더니, 친구가 나보고 유명한 사람 같다고 한마디 할 정도였다. 그래서 여기서는 옛 연인과도 우연히 마주치는 어색한 경험을 많이 한다. 젊은 사람들이 가는 곳이 몇 군데 없고 또 인기 많은 장소가 한정되어서 그렇다. 이럴 때 여기는 서울처럼 큰 도시가 아니라는 것을 새삼 느낀다.

주말 아침에 가까운 재래시장인 파머스 마켓Farmers Market에서 장을 보고 카페에 가면 데이팅 앱으로 만나서 이야기하는 커플들을 많이 본다. 처음 만나는 사람들은 몸짓에서도 티가 난다. 대화도 어색하고 묻는 것들도 비슷하다. 앱을 얼마나 썼느냐, 이곳에 온 지는 얼마나 됐냐, 지금 하는 일은 어떻고, 앞으로의 계획은 뭐냐 등 우리가 흔히 소개팅에서 하는 질문이다. 내가 사는 곳은 버클리인데, 캘리포니아 주립대학 버클리 캠퍼스가 있는 곳이다. 샌프란시스코와도 가까워서 여기서 출퇴근하는 직장인들도 많고, 또 학생들도 많다. 내가 주말에 카페에서 보는 사람들은 그래서 주로 학생들이거나 직장 생활을 이제 막 시작한 사회 초년생들이다. 옆 테이블에 앉아서 그들의 이야기를 듣고 있으면 예전에 내가 20대 초반에 했던 첫 데이트와는 사뭇 다르다. 묻는 질문들도 꽤 어른스럽고, 대화를 이어가는 것도 멋쩍으면서도 진지함을 풍긴다. 아무래도 버클리가 명문 대학이라 사람들이 더 미래지향적인 것인지, 아니면 요즘 젊은 친구들은 이전 세대에 비해서 훨씬 진지하고 성숙한 건지 잘 모르겠다. 아침에 커피를 마시는 자리라 옷도 캐주얼하고 꼭 친구 만나는 것처럼 자연스러워서, 한국에서 예전에 우리가 하던 소개팅보다는 훨씬 더 신선함을 풍긴다. 그래도 난 이들이 부럽지 않다. 여기서는 연애도 스포츠다. 치열하게 경쟁하고 서로를 잰다. 캐주얼하게 그냥 한번 만나 보는 것이 아니라 게임에서처럼 나와 함께 다음 단계로 올라갈 수 있는 파트너를 찾는 것 같은 살벌한 느낌을 왠지 지울 수 없다.

 요즘 젊은 세대는 성별에 대한 인식도 자유롭다. 이곳의 젊은 친구들 중에는 젠더 플루이드Gender Fluid, 즉 어떤 때는 자신을 남성으로, 다른 때는 여성으로, 또 가끔은 그 어느 쪽에도 속하지 않는 논바이너리Non-binary로 분류하는 사람들이 많다. 2021년 〈타임TIME〉에서 한 조사*에 의하면 Z세대의 3.3%가 본인이 트랜스젠더나 논바이너리라고 답했다. 참고로 이

---

* https://time.com/6275663/generation-z-gender-identity/

런 사람들을 부를 때는 복수로 They, Them이라고 부른다. 남녀가 한 몸에 공존하기 때문이다. 미국의 평균이 이 정도라면 다른 미국의 어느 지역보다 더 자유롭고 개방적인 샌프란시스코에서는 그 비율이 훨씬 클 것이다. 그래서 여기서는 남자에게 여자 친구가 있냐고 묻거나 결혼한 여자에게 남편에 대해 묻지 않는다. 본인의 성 정체성Gender Identity이나 성적 취향Gender Preference을 추측할 수 없기 때문이다. 그래서 더 모르는 사람들에게 접근하기가 힘든지도 모르겠다. 데이트를 할 때나 짝을 찾을 때도 이런 요소들이 반영될 수밖에 없다. 물론 이것은 내가 보고 느낀 실리콘밸리의 연애 장면이다. 실리콘밸리 안에서도 어디 사느냐, 누구랑 어울리냐, 또래 나이가 어떻냐에 따라 전혀 다른 경험이나 이야기가 나올 수 있다.

얼마 전에는 조용한 버클리를 떠들썩하게 한 사건이 있었다. 버클리 대학의 한 남학생이 연애가 힘들고 외로움을 많이 탄다면서 조언을 구하는 글을 학교 학부 게시판에 올렸다. 이에 대한 댓글로 한 컴퓨터공학과 교수가 베이 에어리어(실리콘밸리와 샌프란시스코 지역) 여성들은 다른 지역 여성들과는 사뭇 다르다는 글을 올렸고 그 내용이 여러 SNS를 통해서 학교 밖으로 알려졌다.

교수의 말을 직역하면 이곳은 여성의 숫자가 적기 때문에 여성들의 태도가 다른 지역 여성들과는 많은 차이가 있다는,

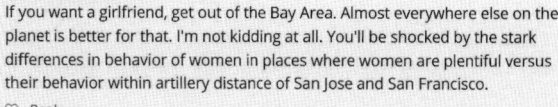

> STAFF now #862bf
> If you want a girlfriend, get out of the Bay Area. Almost everywhere else on the planet is better for that. I'm not kidding at all. You'll be shocked by the stark differences in behavior of women in places where women are plentiful versus their behavior within artillery distance of San Jose and San Francisco.
> ♡ Reply …

당신이 혹시 여자 친구를 찾고 있다면 베이 에어리어를 떠나야 한다. 세상 어디를 가도 이 동네보다는 나을 것이다. 농담이 아니다. 여자가 많은 지역의 여성들과 비교해 보면 산호세와 샌프란시스코 근방에 사는 여성들의 태도가 얼마나 다른지 놀랄 것이다.

버클리 대학 학부 게시판에서 논란을 일으킨 교수의 글

한마디로 공급과 수요에 따른 차이라는 말이다. 이 일이 알려지자 이 교수에게 수업을 듣는 여학생들이나 함께 일하는 교직원들은 이 글에 문제를 제기했다. 많은 여학생들이 그의 발언이 부적절했고 그의 수업을 듣기 불편하다는 입장을 밝혔다. 이 발언의 옳고 그름을 떠나서, 이 일화는 실리콘밸리의 성비 불균형과 이곳 젊은이들이 느끼는 연애의 어려움 등을 보여 주는 단편적인 예임은 분명하다. 조용한 버클리를 한동안 떠들썩하게 했던 일화다.

아무리 여기서 연애가 힘들어 보여도 막상 짝을 찾아서 결혼하는 사람들은 많다. 다만 어린 아이들을 키우는 사람들에 비해 고학년 자녀를 둔 사람을 여기서는 쉽게 보기 힘들다. 여기서 아이를 키우는 사람들은 아이가 상급 학교에 들어갈 정도의 나이가 되면 여러 가지 이유로 이사를 가는 경우가 많기 때문이다. 조금이라도 실리콘밸리의 중심부를 벗어나 아이들이 뛰어놀 수 있는 마당이 있는 집이나 같은 또래 아이들이 많은 곳, 특히 교외로 이사를 가는 경우가 대부분이다.

미국에서도 아이들을 좋은 학교에 보내는 것이 부모의 가장 큰 바람 중 하나다. 공립 학교가 대다수인 한국과 달리 미국에서는 사립 학교의 숫자도 많다. 그래서 선택의 여지가 많고 여러 가지를 꼼꼼히 따져보려면 꽤 복잡한 자료 분석이 요구된다. 그래서 여기서는 기관마다 학교의 등급을 매긴 자료들이 많다. 꼭 공립이나 사립이냐를 떠나서 학교마다 여러 자료를 근거로 학교 등급을 책정한다. 등급도 여러 기관에 따라 다르지만 한눈에 가장 쉽게 볼 수 있는 곳은 당연 부동산 앱들이다. 여기서도 학군이 부동산 가격과 큰 연관이 있어서 그렇다. 학교의 등급을 결정짓는 데는 여러 요소가 포함되는데 학생들의 성적, 진급 학교 현황, 가정 소득 그리고 여기서는 인종 분포, 학교 내에서 가장 많이 사용되는 언어 등이 포함된다.

실리콘밸리 직원들의 대다수가 결혼이나 출산 계획이 있는 연령층이기 때문에 출산 휴가나 출산 보조금 등도 자주 거론되는 주제 중 하나다. 그래서 당연히 실리콘밸리 회사들도 이런 혜택에 신경을 쓰고 경쟁하듯 좋은 혜택을 제공한다. 참고로 미국은 법적으로 출산 휴가가 하루도 보장되어 있지 않다. 그래서 출산 때는 어쩔 수 없이 무급 휴가를 쓰거나 심지어

GreatSchool 등급(근교 학교들)	
8/10	엔시날(Encinal) 초등학교
	학년: K-5 거리: 0.6km
7/10	멘로-애서튼(Menlo-Atherton) 고등학교
	학년: 9-12 거리: 1.6km
7/10	힐뷰(Hillview) 중학교
	학년: 6-8 거리: 3.4km

부동산 사이트 Zillow의 학교 등급 예시•

직장을 그만두는 경우도 많다. 실리콘밸리에서는 보통 12주부터 6개월까지 출산 휴가를 허용하는 것이 보통이다. 이것은 출산을 하는 엄마뿐만 아니라 아빠에게도 해당된다. 그래서 여기서는 젊은 여자 직원은 곧 출산 휴가를 갈까 봐 남자를 우선 채용한다는 식의 논리는 찾기 힘들다. 한마디로 아빠들에게 아기와 보낼 시간을 허용했더니 그 덕에 엄마들의 취업에 도움이 된 것이다. 그리고 입양을 하는 사람들에게도 똑같이 출산 휴가를 허용하는 회사들이 많다. 출산이 어려운 개인 또는 커플들을 위해 난임 치료나 난자 냉동을 지원해 주는 일도

• https://www.zillow.com/homedetails/16-Irving-Ave-Atherton-CA-94027/15580869_zpid/

여기서는 흔하다. 내 주위에도 회사 정책 덕분에 인공 수정을 통해 혼자 당당히 아이를 낳아 키우는 싱글맘들이 여럿 있다. 또 이런 정책들은 성소수자 직원들도 가족을 꾸릴 수 있는 재정적, 제도적인 힘이 된다. 여러 이유로 아이를 가질 수 없는 커플도 이렇게 회사의 도움을 통해 부모가 될 수 있다.

요즘 저출산이 한국뿐 아니라 여러 선진국에서도 걱정거리로 꼽힌다. 물론 사회적으로야 저출산이 좋은 일은 아니지만, 한국에도 친구들이나 가족들 중 결혼하지 않고 당당히 행복하게 사는 싱글들이 많다. 연애, 결혼 그리고 출산은 사회를 반영하는 지표로, 얼마나 사람들이 미래에 대해 긍정적인 생각을 가지고 있는지를 보여 주는 중요한 요소다. 2023년 이스라엘-하마스 전쟁이 터지고 경제 지표들은 더욱더 어두운 미래를 예고한다. 나 하나 먹고살기도 힘든데 결혼해서 이런 혼란스러운 세상에 아이를 낳는다는 것이 쉬운 결정일 리가 없다. 이런 어두운 전망과 지표들은 조만간은 지속될 듯하다.

4

왜 실리콘밸리에는 중독자들이 많을까?

요즘 들어 샌프란시스코에 대해 좋지 않은 이야기가 전 세계로 많이 퍼지고 있다. 이제는 걷잡을 수 없을 정도로 심각한 노숙자 문제, 거리에 난무하는 약물 중독자 그리고 술에 취한 사람들, 개인과 업소들을 상대로 한 갖가지 범죄들도 끊임없이 화두에 오른다. 실제로 샌프란시스코에 차를 주차할 때 혹시 누가 차 안에 있는 물건을 훔쳐 가지 않을까 싶어서 차 안에는 가방은커녕 에코백 하나도 두지 않는 것은 물론이고, 차 뒷좌석 유리를 깨고 트렁크를 열까 봐 요즘은 오히려 트렁크 문을 열어두고 주차하는 사람들이 있을 정도다.

재택근무 등으로 비어 있는 사무실이 늘어나면서 도시도 예전의 활기를 잃은 지 오래다. 그나마 거리에 활기를 불어넣던 상점들이나 음식점들도 많이 문을 닫아서 을씨년스러운 분위기를 더한다. 그래서인지 관광객들의 숫자도 많이 줄었다. 샌프란시스코의 명물 케이블카도 운행이 어려울 정도로 이용객이 줄었다는 소식을 얼마 전에 들었다. 사람들이 찾지 않으니 더 많은 상점들이 문을 닫았고, 치솟은 물가와 여러 좋지 않은 샌프란시스코의 이미지까지 더해져 방문객을 망설이게 하는 것이 사실이다. 이런 샌프란시스코의 암울한 모습은 한국에서만 듣는 것이 아니다. 전 세계가 샌프란시스코의 앞날을 걱정하고 있다. 샌프란시스코를 디트로이트처럼 실패한 도시로 간주하는 사람들도 꽤 자주 접하게 된다.

그러나 모든 사람들이 이곳의 미래를 암울하게만 보는 것은 아니다. 불확실한 세계 경제 속에서 더욱더 강해져 가는 실리콘밸리의 경제력과 명성은 앞으로도 계속 이어질 전망이다. 또 이곳의 온화한 날씨와 세계 어디에 내놓아도 뒤지지 않는 아름다운 자연환경은 많은 사람들이 아직도 이곳을 사랑하는 큰 이유다. 이런 외적인 요소들도 중요하지만 내가 생각할 때, 다른 어느 곳보다 이곳이 가진 큰 장점 중 하나는 바로 이곳의 사람들이다. 다른 피부색과 배경을 가진 사람들도 색안경 끼고 보지 않고 있는 그대로 받아 주는 사람들, 나보다 어려운 사람들을 도와주고 싶어 하는 사람들. 똑똑해도 남 앞에서 자랑하기보다는 자기 계발에 더 힘쓰는 사람들, 다른 의견을 나쁘게만 보지 않고 아무리 엉뚱한 이야기를 해도 열심히 들어주는 사람들이 실리콘밸리가 가진 가장 큰 힘이고 희망이다. 그런데 이렇게 완벽하게만 보이는 사람들도 다들 몇 가지 문제는 있다.

스트레스와 불안감은 실리콘밸리에서 일하는 사람들의 필수 조건이라고 말할 정도다. 이곳의 많은 사람들이 두려움, 불안감, 스트레스 그리고 외로움을 느끼고 산다. 물론 이것은 비단 실리콘밸리뿐만은 아닐 것이다. 현대 사회를 살아가는 모든 사람들이 다 느끼는 감정들이다. 한국의 가족이나 친구들과 이야기를 해 봐도 이런 감정을 달래며 하루하루 이어가는 사람들이 대부분이다. 경제적인 부담감, 직장 상사와의 불화, 거기다 한국에서는 아이들의 성적까지 고민해야 하니 여기보다 스트레스를 가지고 사는 사람들이 많은 건 사실 같다.

내가 생각할 때 이곳 사람들이 더 이런 감정에 취약한 이유는 외로움 때문이 아닌가 싶다. 실리콘밸리에 살고 있는 거의 모두는 다 외지에서 직장 때문에 이곳으로 온 사람들이 대부분이다. 물론 다수는 친구들과 시간을 보내거나 취미 생활 등 건전한 방법으로 버텨 보지만, 어떤 이들은 복잡한 감정을 잠시라도 잊고자 쾌락을 좇거나 쾌락을 주는 물질에 빠지기도 한다. 처음에는 이런 것들이 기분을 전환시켜 주고 잠깐 삶의 활력이 될 수도 있지만, 시간이 지날수록 점점 깊게 빠져든다.

비단 스트레스만이 사람들을 중독으로 모는 것은 아니다. 현대의 생활 방식이 우리를 너무 많은 쾌락에 노출시켰다. 요즘에는 대마초, 술, 온라인 도박 심지어는 불법 약물까지 앉은자리에서 손가락 하나로 시작할 수 있는 쾌락이 너무 많다.

중독이라 하면 물론 먼저 떠오르는 것은 물론 술이나 약물 중독이다. 미국에서도 마찬가지다. 특히 실리콘밸리와 주변 지역 어디를 가나 거리는 술과 약물 중독자들로 넘쳐난다. 샌프란시스코에서는 길거리에서 대놓고 약을 하거나 좀비처럼 약에 취해 어슬렁거리며 거리를 활보하는 사람들이 이제 걷잡을 수 없을 정도로 많다. 미국의 술과 약물 문제는 비단 실리콘밸리뿐만 아니라 어디에서나 끊임없이 논의되고 있는 사항이다. 단지 여기서는 온화한 기후 때문에 1년 내내 노숙자들이나 거리를 활보하는 사람들이 더 많이 보이는 것뿐이다. 문제의 심각성은 미국의 기대 수명이 중독자들 때문에 몇 년째 계속해서 내려가고 있다는 통계*에서 더 잘 드러난다.

술이나 약물 중독도 심각하지만 다른 형태의 중독도 이곳에는 많다. 내 주위에도 중독 때문에 치료를 받는 사람들이 있고 진단을 받고도 아직 심각성을 깨닫지 못해 계속 쾌락을 향해 달리는 친구들도 있다. 내 친구 중 하나는 스포츠 도박으

* https://www.ncbi.nlm.nih.gov/pmc/articles/PMC7144704/

로 수천만 원을 잃었다. 이 친구는 항상 회사가 상장만 하면 큰 부자가 될 것이라며 매일 컴퓨터 앞에 앉아 자신의 운을 점친다. 본인 말로 수천만 원이지 여자 친구 얘기로는 억대가 될 수도 있다고 한다. 그런데 이런 친구한테 감히 중독이라는 표현은 못 쓴다. 그냥 운이 좋지 않아서 잃었다고 본인도 말하고, 같이 만난 친구들도 "다음엔 따겠지" 하고 슬그머니 화두를 돌린다.

예전에 같은 회사를 다녔던, 이제 겨우 30살이 된 친구 하나는 술 마시는 정도가 너무 심해 회사 모든 공식 파티에서 초대가 금지되었다. 일도 잘하고 다른 직원들하고 잘 지내는데 술만 마셨다 하면 문제가 생겨서 내린 인사과의 조치다. 그 친구가 현재 다니는 회사 안에는 술집이 있다. 그 회사가 유별난게 아니라 실리콘밸리에는 회사 내에 이런 편의 시설이 있는 곳이 많다. 점심시간이나 일 끝난 뒤에 삼삼오오 맥주 한잔씩 하면서 직원들과 친해지라는 회사의 배려 아닌 배려다. 그래도 가끔 가볍게 오후 4시에 시작된 맥주 한잔이 새벽 한두 시까지 이어지고 때로는 크고 작은 문제로 이어지기도 한다. 지난번에는 그 친구가 술을 마시고 회사 계단에서 굴러서 병원 신세를 몇 주 지기도 했다. 문제는 술을 혼자서 마실 때인데 재택근무가 이 친구에게는 큰 독이 되었다. 요즘은 그래도 꾸준히 상담을 받아서 금주 중이라고 하는데, 인스타그램에 가 보니 친구들과 여전히 파티를 즐기는 모양인 것 같다.

또 다른 친구는 쇼핑 중독자다. 이 친구가 나에게 본인의 쇼핑 중독을 털어놓은 계기가 재밌다. 이 친구는 개발자인데 몇 년 전에 본인이 만든 앱을 나에게 자랑하듯 보여 줬다. 온라인 상점들을 수시로 방문해서 할인이 뜨면 문자메시지로 알려 주는 앱이었다. 실제로 스마트폰에 빼곡히 온 알람을 보여 주며 본인이 만든 앱을 자랑하다가 자신의 문제까지 털어놓게 된 것이다. 처음에는 재미로 앱을 썼는데 이제는 밤낮없이 새로운 할인이 뜨면 봐야 하는 쇼핑 중독자가 된 것이다.

이 친구는 새벽에도 가끔 문자메시지를 체크한다. 새벽에 상품이 올라오는 상점이 있기 때문이다. 그렇다고 딱히 원하는 물건이 있는 것도 아니다. 요즘은 자기도 모르는 사이에 구매 버튼을 누르고 있는 자신을 발견할 때도 있고, 물건이 오면 언제 구매했는지 기억조차 나지 않는 경우도 있다고 한다. 물건이 오면 죄책감에 박스를 열어 보지도 않고 아내 몰래 숨겨 두거나 액수가 큰 것들은 되팔거나 환불할 생각으로 쌓아 두고 있다. 그러나 실제로 되팔거나 환불한 물건은 별로 없다. 얼마 전에는 사무실 옆의 작은 창고를 아내 몰래 빌렸다. 더 이상 넘쳐나는 물건을 방 2개짜리 아파트와 사무실 책상 아래에 숨겨 두지 못해 어쩔 수 없이 내린 결단이다.

《도파민네이션Dopamine Nation》이란 책을 쓴 애나 렘키Anna

Lembke 교수는 실리콘밸리에서 오랫동안 정신과 의사로 일했고 스탠퍼드 대학에서 강연을 했다. 그녀는 실리콘밸리의 다수가 계속해서 중독에 빠지는 이유는 우리가 너무 많이 자극적인 즐거움에 둘러싸여 있기 때문이라고 한다. 예전에는 가끔 있던 이런 즐거운 일들이 이제는 너무 가까이 있다. 음식, 영상, 쇼핑, 도박 그리고 연애까지 모든 것들이 이제 24시간 내 손안에 있다. 이렇게 쉽게 도파민을 끌어 올리다 보니 음식을 다 먹으면, 쇼핑을 마치면, 유튜브를 끄면 도파민이 완전 바닥 상태가 된다. 그럼 우울해지고 괴로워지니까 또다시 먹고, 쇼핑하고, 인터넷을 뒤지는 것이다. 이래서 우리는 중독이라는 사슬에 묶여 계속해서 도파민이 넘치는 상태를 유지하려 한다는 것이 그녀의 이론이다.

내 생각에도 실리콘밸리에 이런 사람들이 다른 지역보다 많은 것 같다. 여기 사람들의 낮은 평균 연령 때문인지 아니면 여유 자금이 있어서 그런지 정확한 자료는 찾을 수 없지만 정신과 의사를 만나는 것도, 신경 안정제를 복용하는 것도 감기약을 먹는 것처럼 캐주얼하다. 회의 시간을 잡을 때 "난 수요일 2시는 안 돼. 정신과 상담 시간이라서"라고 당당하게 말하는 사람들도 많고 듣는 사람도 아무렇지 않게 받아들인다. 뒤에서 그 직원은 정신과 상담을 받는다고 속닥거리거나 이런 것을 문제로 생각하는 사람도 없다. 문제가 있을 때 상담을 받거나 적극적으로 치료를 하는 것은 당연히 좋고 본받을 일이다. 그런데 정신과 치료를 받고 있는 사람들이 다수라는 점은 좀 주목해 볼 만한 일이다.

여기선 퇴근하면 가족 없이 혼자 시간을 보내는 사람들도 많고, 또 성공을 꿈꾸며 과중한 업무에 항상 목을 매는 사람들도 많다. 또 대학을 졸업하고 직장을 찾아 이곳으로 몰려든 많은 젊은이들은 이렇게 돈과 물자가 넘쳐나는 실리콘밸리에서 너무 이른 성공을 맛본 후 허무함에 빠지기도 한다. 이래서 우리는 계속 중독에 빠지나 보다.

그래서 여기 사람들은 항상 정신과 의사를 찾는다. 정신과 의사들이 너무 부족해서 나는 수년 전에 혹시라도 의사가 새 환자를 받으면 꼭 연락해 달라고 여기저기 병원에 전화번호를 남겼지만 아직까지 무소식이다. 특별히 약물이나 술 중독처럼 몸을 망치는 중독자가 아니면, 웬만큼 중독적인 성향을 가지고 정신과 의사와 얼굴을 보면서 상담을 받는 것은 거의 불가능하다. 다행인지 불행인지 일반 병원에 가서 가정의학과 의사에게 요즘 불안해서 잠을 설친다고 하면 약 처방전은 바로 손에 쥐어 준다.

모든 것을 약물로 해결하는 것에 익숙해서 그런지 여기서는 정신과 약을 처방받기도 쉽고 또 먹는 친구들이 많다. 대화를 할 때 어떤 정신과 약을 먹느냐가 꽤 자주 화제로 떠오르기도 한다. 또 요즘은 앱으로 정신 상담을 받거나 화상 통화로 다른 지역의 상담 전문가와 연결해 주는 서비스가 많아져서 어떤 상담 앱이 좋은지 친구들과 비교할 때도 있다. 가끔은 친구들과 맥주 한잔 앞에 두고 우리끼리 "이제 상담 시간 시작"이라고 농담 반 진담 반으로 말하며 술잔을 부딪친다. 우리는 정신과 의사의 부재로 인해 서로서로 이야기를 들어주고, 위로하고, 나름의 조언을 나누며 다독이면서 살고 있다. 처방받은 약은 꼭 용량대로 먹으라고 당부하는 것도 잊지 않는다.

부록

실리콘밸리에 취업하려면 꼭 알아야 할 것들

1

해외 취업용 영어 공부, 난 이렇게 했다

 나는 한국에서 대학을 졸업하고 27살까지 직장을 다니다 외국으로 나왔다. 한국에서 고등학교를 졸업할 때까지는 학교에서 수업 시간에 배운 것을 제외하고는 특별한 영어 교육을 받은 것은 없었다. 대학에서는 화학을 전공했고 학교 수업이 끝나면 종로에 있는 영어 학원을 다녔다.

 영어 학원은 대학교 2학년 때부터 다녔는데 그때는 별생각 없이 외국인이 진행하는 회화 수업을 들었다. 나는 회화가 별로 재미없어서 무슨 강의를 들을까 고민하다가 'CNN 읽기'란 강의실 앞에 줄이 항상 길게 서 있는 것을 보고 궁금한 마음이 들었다. 'CNN 읽기'는 한 시간 동안 아침에 방송되는 CNN을 교재로 사용하는 수업이었는데, 영어 공부에 특별한 목적이 없었던 나에게 토익이나 토플보다는 이게 더 재미있겠다 싶어서 수강을 시작했다.

한 시간 수업하는 동안 40분은 CNN을 듣고 나머지 20분은 〈프렌즈Friends〉라는 미국 드라마를 보면서 회화를 공부하는 수업이었는데, 나는 그 수업을 대학 졸업 때까지 단 하루도 빼놓지 않고 주 5일간 들었다. 아침 7시 반 강의를 듣고 학교에 갔다가 수업이 끝나고 저녁에는 카페에서 한두 시간 정도 아침에 배운 것을 정리하고, 집으로 가는 버스나 지하철에서 아침에 배운 수업 내용을 카세트테이프로 듣는 것이 하루의 일과였다. 그때는 이 드라마로 영어 공부를 하는 사람들이 꽤 있어서 오디오 테이프 교재를 쉽게 구할 수 있었다. 무슨 말인지는 수업 시간에 배웠기 때문에 하루 종일 지하철에서나 길을 걸을 때 반복해서 듣고 외웠다. 그렇게 2년 넘게 수업을 듣고 나니 영어에 조금씩 자신감이 생기기 시작했다. 문제는 영어로 대화하는 연습을 할 상대가 없어서 그냥 혼자 중얼거리고 다니는 수밖에 없었다.

아침에 버스에서 전철로 갈아타면서 역에서 산 〈코리아 해럴드Korea Herald〉라는 영어 신문을 간간히 시간 날 때마다 읽기도 했었다. 처음에는 무슨 말인지 몰라서 그냥 폼으로 끼고 다니는 정도였다가 어느 순간 와서는 짧은 글이나 광고를 읽는 정도가 되었다. 매일 꾸준히 신문을 읽다 보니 대학을 졸업할 때쯤에는 사전을 가끔 보면서 신문을 읽게 되었다. 아침에 듣는 CNN 수업이 신문을 읽는 데도 많은 도움이 되었다. 아무래도 뉴스 내용은 반복되는 부분이 많다 보니 아침에 배운 단어나 비슷한 내용이 그날이나 다음날 신문에도 나왔다.

내가 이렇게 영어를 한국에서 공부했기 때문에 난 항상 해외 취업을 위해 영어 공부를 하는 사람들에게 영어 뉴스를 교재로 적극 추천한다. 뉴스로 공부하는 이유는 두 가지다. 첫째로 뉴스에서 쓰는 영어는 문법이나 어법이 체계적이다. 한국 뉴스 앵커들이 사용하는 한국어처럼 영어 뉴스에서 사용하는 영어도 가장 정확한 발음과 속도로 정보를 전달한다. 이를 이용해서 영어를 배우면 자연스레 다양한 단어를 접하고 듣기 좋은 발음, 고급스러운 표현 등을 익힐 수 있다.

둘째로 전 세계 뉴스를 계속 접하다 보면 현재 세계에서 화두가 되는 사안들을 배우고, 그것에 대한 자신의 관점을 정립해 보는 계기가 된다. 한마디로 뉴스로 영어를 배우면 언어를 배우는 것뿐 아니라 세상일에 관심이 많아지고 박식해진다. 나는 이 점이 매우 중요하다고 생각한다. 한국에서 영어를 공부하고 외국으로 나갔을 때 내가 사는 곳 말고 다른 곳에서는 어떤 일이 일어나고 있는지, 세계에서 중요한 이슈가 무엇인지를 현지인들과 이야기할 수 있다는 것은 큰 힘이다. 이렇게 공부를 하면 영어뿐 아니라 세계에 대한 관심과 본인의 관점도 넓혀 준다. 또 대화의 소재가 풍부해져서 다른 사람들과 이야기할 기회가 많이 생기고, 나와 다른 관점을 가진 사람들도 조금은 더 이해할 수 있게 된다. 발음이나 억양이 완벽하지 않아도 여러 가지 주제로 다양한 사람들과 소통할 수 있다는 점은 외국에서 오래 살거나 어학연수를 해도 쉽게 얻을 수 없는 기술이다. 가능하다면 소설이나 유행하는 책도 많이 읽으려고 노력하고, 외국에서 주목받는 영화나 음악도 많이 듣는 것이 외국에서 친구를 사귀거나 현지인과 대화하는 데 많은 도움이 된다.

영어에 웬만큼 자신이 있어서 해외 취업에 도전하거나 한국에서 외국계 회사 면접을 준비하는 분이라면, 본인의 음성을 녹음해서 들어 보며 연습할 것을 추천한다. 나도 처음 몇 년 동안은 이 방법으로 면접 연습을 했다. 면접에 자주 나오는 질문에 답하고 녹음해서 내 목소리로 들어 보면 처음엔 당황스럽다. 꼭 외국인이 듣고 피드백을 해 주지 않더라도 잘못된 문법, 불분명한 발음은 본인이 들어도 알 수 있다. 최소한 아는 것이라도 정확하고 논리적으로 설명하는 연습을 해야 한다. 본인의 목소리에 자신감이 있는지 없는지도 중요하다. 생각보다 처음 자신의 목소리를 녹음기를 통해 들으면 낯설고 어색하다. 그래도 계속 들으면서 고쳐 나가면 면접하는 동안 자연스러운 대답을 할 수 있다. 아직도 나는 콘퍼런스 또는 회사 내외에서 프레젠테이션 또는 발표를 할 일이 있으면 비디오로 녹화된 내 자신을 보면서 여러 번 연습한다.

　유학이나 이민을 준비하는 분들에게 내가 항상 강조하는 또 한 가지는 구글 검색을 영어로 자주 해 보라는 것이다. 구글 검색을 잘하는 것도 요즘은 기술이다. 또 앞으로는 챗봇을 이용해서 정보를 능숙하게 얻는 것도 큰 능력이 될 것이다. 특히 지금까지 한국 검색 엔진만 주로 이용했던 분들이 처음 외국에 나가면 구글이 낯설다. 구글로 검색도 많이 해 보고 위키백과나 외국에서 많이 쓰는 영문 프로그램도 많이 사용해 보는 게 좋다. 역시 인간은 도구를 잘 사용해야 앞서갈 수 있다. 코딩을 하다가도 막히는 부분이 생기면 한국어 검색에만 의존하지 말고 스택오버플로 Stack Overflow 같은 사이트도 뒤질 수 있어야 한다. 코딩을 이제 처음으로 배우려고 한다면 한국어로 된 책이나 프로그램만 선택하지 말고, 유튜브나 구글의 영어 검색 결과를 사용하는 것도 좋은 방법이다.

　코딩 배우는 것도 힘든데 영어까지 배우려면 더 힘들지 않을까 생각할 수도 있겠지만, 코딩이라는 게 원래 영어로 쓰는 것이기 때문에 오히려 영어로 배우는 게 더 이해가 빠를 수 있다. 처음 시도해 보다가 나중에 힘들면 한국어로 바꿔도 되니 밑져야 본전이다. 이렇게 하나하나 자연스럽게 한국에서의 생활 패턴을 영어로 바꾸면, 나중에 외국에 나가거나 아니면 한국에 있는 외국계 기업에 취업해도 적응이 쉽고 편해진다.

  참고로 나는 한국에서 살 때도 스마트폰 언어를 영어로 바꿔서 사용했다. 이메일이나 구글 등의 사이트도 설정을 영어로 해 두었다. 이렇게 한국에 살면서도 영어와 친숙해질 수 있는 방법이 많다. 코딩을 하는 분들이라면 ChatGPT 등을 이용해서 도움도 받고 앱에서 사용하는 용어들도 웬만하면 영어로 익히는 게 도움이 많이 된다. 또 링크드인 계정을 만들고 거기서 올라오는 구인 광고 등을 보면서, 본인이 하는 일을 영어로 설명하는 연습을 해 보는 것도 면접을 준비하는 분들에겐 필수다.

2

부트캠프, 미국에서도 취업에 도움 될까?

나도 6개월 과정의 부트캠프를 졸업하고 개발자로 취업했지만, 이곳에서 특히 앱 개발자들은 단기 과정을 배우고 개발자가 되는 경우가 흔하다. 실리콘밸리에서는 부트캠프를 나왔건 아이비리그를 졸업했건, 문제를 해결할 능력만 있다면 회사는 그 배경에 대해서는 별로 중요하게 생각하지 않는다.

우선 개발자가 되고 싶은데 코딩이 내게 맞을지 고민하는 중이라면, 어느 정도 혼자 온라인 자료 등을 통해 공부하기를 추천한다. 내 경험으로 봐도 부트캠프를 다니거나 졸업을 하고 나서도 20~30% 정도가 적성에 맞지 않아 코딩으로의 진로를 포기한다. 남의 도움 없이 하루 8시간씩 컴퓨터 앞에 앉아 끙끙대면서 문제에 대한 답을 찾는 일이 생각보다 쉽지 않다. 이런 본인의 적성도 온라인으로 코딩 공부를 하다 보면 웬만큼 가늠할 수 있다.

　개발자로 취업하는 것이 목적이고 시간과 돈이 허락된다면, 부트캠프처럼 체계적인 교육 과정이 있는 곳에서 공부를 시작하는 것이 당연히 빠르게 취업할 수 있는 길이다. 아무래도 소프트웨어 기술이 워낙 범위가 넓고 새로운 것들이 계속 나오기 때문에, 이 분야에 실무 경험이나 지식이 없는 이상 처음부터 혼자 공부하기가 쉽지는 않다. 공부가 어려워서라기보다는 무엇을 시작해야 할지 또는 어떤 공부를 먼저 시작해야 할지를 결정하는 게 까다로워서 그렇다. 그렇다고 해서 꼭 이런 교육 기관을 통해 코딩을 배울 필요도 없다. 요즘은 다양한 정보를 손쉽게 찾을 수 있어서 내 주위에서는 유튜브나 코세라Coursera 등의 교육 플랫폼을 통해 앱 개발 과정에 필요한 요소를 배운 다음 차근차근 과정을 마쳐 개발자가 된 친구들도 많다. 보통 코딩 부트캠프에 지원할 때 입학시험을 보거나 수강 전 알아야 하는 기본적인 사항을 필수 과제로 내주는 경우가 많기 때문에, 부트캠프에 등록하더라도 혼자 공부하는 것은 필수다.

　여기서는 보통 부트캠프 입학을 결정하기 전에 온라인으로 3~4개월 정도 혼자 공부하는 시간들을 갖는 것이 대부분이다. 실제로 부트캠프 일과는 정말 벅차다. 하루에 6~9시간 수업을 듣고 과제를 수행하고 끊임없이 시험을 보기 때문에 웬만큼 준비가 되어 있지 않으면 수업을 따라가기가 벅차다. 이런 이유에서라도 사전 지식이 많지 않은 사람들은 입학 전에 어느 정도 예습을 하는 게 중요하다. 그렇지 않으면 진도를 따라가기가 쉽지 않다.

   한국이야 학원의 천국이라 놀랄 일도 아니지만, 요즘은 한국에서도 여러 종류의 IT 관련 부트캠프가 많이 생긴 듯하다. 유튜브에도 국비 지원 강좌 또는 사설 기관에 대한 정보가 많이 있다. 학원이라는 개념조차 없는 미국에서도 부트캠프는 지난 십여 년간 대유행이었다. 내가 부트캠프에 지원했던 2015년에는 샌프란시스코나 뉴욕 같은 큰 도시에만 있었지만, 지금은 도시마다 또 온라인에 여러 종류의 부트캠프가 많이 생겼다. 개발자 부트캠프뿐만 아니라 머신러닝, 제품 매니지먼트, 데이터 분석가, UX/UI 등 IT에 관한 여러 부트캠프가 많이 생겨 배우는 사람의 입장에서는 선택의 폭이 넓어졌다. 이런 현상은 특히 전문적인 지식은 대학에서만 얻을 수 있다는 틀을 벗어나, 전문 분야에서도 짧은 시간 내에 어디서든 누구나 배울 수 있다는 변화로 해석될 수 있다. 미국에서는 이런 부트캠프의 인기를 몰아 이름만 들어도 알 만한 대학들도 단기간 다양한 IT 과정들을 개설한 곳이 많다. 짧게는 6개월에서 길게는 2년 정도까지 다양한 주제로 공부할 수 있다.

이런 부트캠프가 활성화된 데는 여러 가지 이유가 있다. 첫째는 실리콘밸리에서 필요로 하는 기술들이 대학에서 컴퓨터 관련 전공을 하지 않아도 충분히 습득이 가능하다는 점이다. 예전에는 전문적으로 몇 년 동안 어렵게 공부해야 이런 기술을 습득할 수 있었던 것에 비해, 요즘은 앱을 만드는 작업 자체가 여러 면에서 쉬워지고 표준화되었다. 특히 파이썬 같은 고급 프로그램 언어들이 코딩을 쉽게 할 수 있는 원동력이 되었다. 둘째는 빠르게 변하는 기술 때문이다. 이런 단기간의 과정은 변화하는 시장의 수요에 맞춰 커리큘럼을 쉽게 바꿀 수 있다. 반면 대학들은 아무래도 같은 수준의 빠른 대처를 기대할 수 없다. 물론 부트캠프라고 해서 계속 새로운 것만 가르치는 것은 아니다. 그러나 최소한 학생들에게 요즘 새롭게 뜨는 기술이나 언어 등을 잠깐이라도 경험할 기회를 제공할 수 있다.

부트캠프가 활성화된 또 다른 이유로 오픈소스와 라이브러리 등을 들 수 있다. 예전에는 하나부터 열까지 개발자가 모든 것을 다 처음부터 끝까지 만들어야 했는데, 요즘은 다른 사람들이나 회사들이 만들어 놓은 프로그램을 사용할 수 있는 기회가 많아졌다. 오픈소스는 이전에 만든 프로그램을 공개한 자료다. 한마디로 이와 비슷한 것을 만들고 싶으면 쉽게 참고해서 쓰거나 아니면 복사해서 사용할 수 있도록 공개된 코드다. 라이브러리는 누구나 쉽게 코드에 접목시켜서 쓸 수 있도록 작은 스케일로 만들어진 프로그램 모음이다. 이런 오픈소스와 라이브러리는 보통 무료로 사용할 수 있고, 어느 정도 큰 앱을 만들거나 더 복잡한 작업을 수행하고 싶을 때 돈을 내고 쓰는 방식이다. 예를 들어 내가 만든 앱에 로그인하는 기능이 필요하다면, 로그인하는 라이브러리를 내 코드에 쉽게 접목시켜 사용하면 된다. 프로그래밍 언어나 사용하는 도구들에 맞춰 이런 공개된 코드와 라이브러리를 골라 쓸 수 있기 때문에 이제는 누구나 쉽게 필요한 기능을 빌리거나 복사해서 쓸 수 있다.

덧붙여, 전문화된 관리 서비스Managed Service의 보편화도 중요한 이유다. 관리 서비스란 IT 분야에서 특정 업무나 기능을 외부 전문 업체에 위탁하여 관리하고 운영하는 서비스를 말한다. 물론 대기업들은 인력과 돈이 많으니 모든 것을 회사 내에서 자체 개발해서 쓴다. 그러나 요즘 거의 모든 실리콘밸리 회사들은 앱이나 웹의 보안, 데이터, 네트워크 등 다양한 일들을 다른 회사의 소프트웨어나 서비스를 이용해서 관리하고 운영한다. 그래서 많은 일들이 쉬워졌을 뿐만 아니라 표준화되었다. 이 때문에 개발자가 되는 것이 쉬워졌을 뿐만 아니라 한번 개발자가 되면 이직도 어렵지 않다.

마지막 가장 중요한 이유로 넘쳐나는 기술직 일자리를 들 수 있겠다. 한동안 실리콘밸리는 컴퓨터를 전문으로 공부한 사람만으로는 쏟아지는 일자리를 채울 수 없을 만큼 일자리가 넘쳐났다. 웬만큼 기술을 배울 능력이 있는 사람들은 회사에서 시간과 돈을 들여서라도 훈련시켜서 일을 할 수 있을 만큼의 인재로 키웠다. 이런 넘쳐나는 기술직 수요가 점점 부트캠프 졸업자도 환영하는 분위기로 바꾼 것이다. 물론 요즘의 분위기는 내가 취직할 당시와 아주 다르지만, 역시 다른 분야에 비하면 아직도 일자리가 많다고 볼 수 있다.

이런 복합적인 이유들이 부트캠프 졸업 후 실리콘밸리에서 취업할 수 있는 배경이 되었다. 가끔은 오히려 컴퓨터 공학을 전공하거나 관련 과정을 마친 후에도 부트캠프에 등록해서 취업을 준비하는 사람들도 본다. 아무래도 대학에서 이수하는 과정들이 현재 실리콘밸리 앱 개발자 면접에는 별로 도움이 되지 않거나, 실제로 대학 과정 내에서 앱을 만드는 경험을 그다지 많이 접하지 않기 때문이다. 그렇다고 해서 대학에서 배운 공부가 모두 헛된 것은 아니다. 1장에서 소개한 여러 가지 직종들을 봐도 알겠지만 시스템 구축 및 관리, 네트워크 설비 등 특정 작업을 수행하기 위해 큰 기계나 컴퓨터 시스템을 설계하고 개발하는 일 등은 전체적인 시스템의 이해와 분석 능력이 필요하다. 이런 일들은 거의 컴퓨터 관련 전공자들에게 돌아간다. 큰 그림으로 보면 보통 단기간의 코스를 마친 후 실리콘밸리 IT 기업에 들어오는 이들은 앱이나 웹 개발자들 또는 데이터 관련 업종이 다수다.

부트캠프를 선택하는 이유로 물론 취업에 필요한 기술을 가장 빠르게 습득하기 위한 것도 있겠지만, 취업을 준비할 때 보여 줄 수 있는 포트폴리오를 만드는 것도 포함된다. 포트폴리오가 앱 개발자에게는 앱이 될 것이고, 데이터와 관련된 것이라면 데이터를 구축하는 시스템 등으로 볼 수 있겠다. 부트캠프를 졸업하면 한두 개쯤 이런 포토폴리오를 갖게 되고 이것이 취업할 때 큰 도움이 된다. 또 다른 부트캠프의 장점으로 졸업생이나 동기들과의 네트워크를 꼽을 수 있다. 이왕이면 졸업생들끼리 네트워크가 잘 되어 있는 부트캠프를 선택하는 것이 좋다. 같이 공부한 친구들과의 네트워크도 중요하지만 졸업한 선배들과의 네트워크는 취업 준비에 직접적인 큰 도움이 된다. 그래서 부트캠프를 선택할 때 이런 네트워크의 기회를 많이 주는 곳인지 확인해야 한다.

부트캠프를 다니기로 마음먹은 사람들이나 현재 재학 중인 이들에게 졸업자로서 내가 항상 강조하는 점은, 단기간의 부트캠프에서 취업할 수 있는 모든 요소를 다 배우지는 못한다는 점이다. 즉, 졸업 후 취업까지는 상당한 시간이 걸릴 수 있다는 점을 염두해 둬야 한다. 기술 영역이 광범위하기도 하고 회사에서 찾는 기술들이 가지각색이라 이 모든 것을 단기간 안에 다 배우는 것은 불가능하다. 그래서 과정이 끝난 후에 보통 취업까지 오랫동안 온라인 강의, 콘퍼런스, 책 등을 통해 계속 지식을 넓히는 시간이 필요하다. 이 과정이 한두 달이 될 수도 있고 어떤 이들에게는 1년이 넘어가는 긴 시간이 될 수도 있다. 이 기간이 부트캠프 졸업생들에게 가장 힘든 시간이고 실제로 개발자의 꿈을 포기하는 이도 가장 많은 시기다.

부트캠프마다 졸업생 취업률을 공개하는 곳이 많으니 이런 점을 꼼꼼히 따져 보는 것이 좋다. 졸업 후 6개월간 취업률은 얼마나 되는지, 또 취업 준비 중에 어떤 서비스나 도움을 받을 수 있는지 미리 알아보고 본인의 기대감을 조절해야 한다. 졸업 후 1년 동안 취업을 못 해도 재정 상태로나 심적으로 감당이 가능한지 돌아보고, 이럴 때를 대비한 구체적인 계획도 세워야 한다. 나의 경험으로는 대략 50% 정도가 졸업 후 6개월 안에 개발자를 비롯한 각종 기술직으로 취업했다. 그리고 7~8년이 지난 지금은 졸업생의 약 30% 정도가 아직도 기술직으로 남아 있다.

3

온라인 이력서 링크드인 계정 만들기

요즘은 한국에 사는 분들도 링크드인 계정을 많이 만드는 것 같다. 링크드인이 없으면 여기서는 사회생활을 하기가 힘들 정도다. 링크드인은 여기서는 구직뿐만 아니라 연애 상대를 찾거나 월세를 구할 때도 첨부 자료로 쓰일 정도다. 요즘은 이렇게 사적인 일에도 전문적인 프로필을 써야 그나마 믿을 만한 사람이라는 소리를 듣는다. 그래서 링크드인을 쓰지 않는 사람들을 여기서는 찾아볼 수가 없다.

회사들도 당연히 링크드인을 통해 많은 구인 활동을 한다. 보통은 회사의 자체 웹사이트에 구인 정보를 올려놓지만, 일일이 자사 웹사이트에 업데이트하지 않고 링크드인에만 게시하는 경우가 많다. 요즘은 링크드인에서 클릭 한 번으로 지원할 수 있게 하는 회사들이 많아, 따로 이력서나 서류를 준비하지 않아도 되는 경우가 대부분이다. 일반적으로 구직할 때 프로젝트 등의 경력이 있다면 당연히 학교보다는 경력이 중요하다. 많은 면접관들이 링크드인의 프로필을 바탕으로 면접을 진행하는 경우가 많기 때문에, 경력을 자세하고 구체적으로 쓰면 아무래도 면접관들도 그 점을 중점적으로 물어본다.

링크드인을 작성하는 것이 어려운 일은 아니지만, 혹시라도 해외 취업을 준비하는 분들을 위해 간략하게 실리콘밸리에서 채용 시 중요하게 생각하는 몇 가지만 정리했다.

1. 사진 첨부

실리콘밸리에서 일하는 거의 모든 사람들은 링크드인 계정에 자기 사진을 첨부한다. 그러나 한국의 증명사진처럼 정장을 입고 반듯하게 찍은 사진을 올릴 필요는 없다. 오히려 링크드인에 올리는 사진들은 캐주얼한 종류가 대부분이다. 등산을 하는 사진, 활짝 웃는 사진, 여행을 하면서 찍은 사진도 괜찮다. 다만 여럿이 함께 찍은 사진이나 웨딩드레스를 입고 찍은 사진 등은 피하는 것이 좋다.

2. 자기소개

자기소개도 간략하게 하는 것이 좋다. 꼭 일과 관련되지 않아도 취미 생활이나 봉사 활동 정도를 포함해도 괜찮다. 영어로 자기소개를 간단하게 하고 싶은데 도움이 필요하면 ChatGPT의 도움을 받아도 괜찮다. 본인의 이력이나 강조하고 싶은 점을 짤막하게 서술하면 된다.

3. 학력

외국에서 학교를 나왔어도 당연히 첨부하는 것이 좋다. 한국의 이력서와 조금 다른 점이 있다면 졸업 날짜를 굳이 밝히지 않아도 상관없다는 점이다. 졸업 날짜로 보통 나이를 유추할 수 있기 때문에 여기서는 쓰지 않는 사람들도 많다. 특히 본인의 전문 분야와 관련 없는 전공일 경우에는 더욱 중요하지 않다.

4. 경력

경력은 직함과 날짜를 되도록 정확하게 적는 것이 중요하다. 무엇을 했는지, 어떤 기술을 사용했는지, 핵심적인 본인의 일을 전문적인 어휘를 사용해서 작성해야 한다. 가령 개발자 경력을 소개한다면 어떤 언어를 썼는지, 어떤 소프트웨어를 사용했는지 등을 자세하게 기술하는 것이 좋다. 쓰고 싶지 않은 경력은 빼도 상관없다.

5. 프로젝트

개발자든 아니든 본인이 주도해서 또는 참여한 프로젝트가 있다면 포함하는 것이 좋다. 특히 경력이 별로 많지 않은 신입이라면 특히 이 부분을 강조해야 한다. 학교에서 한 과제, 해커톤 Hackathon에 참여해서 만든 앱, 혼자 취미로 만든 알고리즘이나 시스템 등이 있다면 첨부하고 깃허브 링크를 포함하는 것도 잊지 말아야 한다.

6. 자격증

자격증이 있다면 꼭 일과 상관없어도 첨부하는 것이 좋다. 외국에서 딴 자격증이면 영어로 번역해서 첨부하면 된다.

링크드인도 SNS다. 어떤 SNS든 아는 사람이 많아야 볼거리도 많아지고 소식과 정보도 많이 접할 수 있다. 우선 계정을 만든 후에는 아는 사람들에게 '1촌 맺기 connections' 신청을 해서 될 수 있는 한 많은 사람들과 1촌을 맺는 것이 좋다. 물론 인스타그램의 인플루언서들 정도로 필요한 것은 아니지만, 그래도 웬만큼 1촌인 사람들이 있어야 나에 대한 신뢰감을 줄 수 있다. 학교 동창, 회사 동기, 만난 적이 없어도 같은 직종에 있는 사람들에게 우선은 1촌 맺기 요청을 하는 것이 좋다. 생각보다 많은 사람들이 모르는 사람이어도 1촌 맺기 요청을 하면 허용하는 편이다. 특히 회사 인사과나 리쿠르팅 업체 직원, 헤드헌터에게 요청하는 것도 좋은 방법이다. 이런 사람들은 자기 인맥이 넓을수록 성과가 좋아지기 때문에 신청에 흔쾌히 응하기도 하지만, 좋은 구인 공고가 나면 전체적으로 공지를 띄우거나 아니면 자격이 비슷한 사람들에게 연락을 따로 하기 때문에 유용한 면이 많다.

참고로 실리콘밸리가 있는 캘리포니아는 2023년 1월부터 구인 광고를 할 때 연봉을 공개해야 하는 법이 통과되었다. 그래서 링크드인의 거의 모든 구인 광고는 연봉을 공개하고 있다. 혹시 공개가 되지 않았더라도 면접을 보기 전 인사과 직원이나 헤드헌터에게 당당하게 연봉을 물어볼 수 있다. 그래서 요즘은 면접을 다 보고 나서 내가 생각했던 연봉보다 낮아 실망하는 일이 없어졌다. 가끔 이직을 하고 싶지 않아도 비슷한 경력과 업무를 요구하는 구인 광고를 통해 본인의 연봉이 많은지 적은지를 가늠할 수도 있다. 또 이런 정보를 가지고 현재의 고용주와 연봉 협상을 하는 경우도 여기서는 흔하다.

반대로 구직자는 현재 연봉을 공개하지 않아도 된다. 예전에는 여기서도 이력서 양식에 꼭 현재 연봉을 묻는 질문이 포함되어 있었다. 그때 나는 솔직히 대답하지 않으면 이력서에 거짓말을 하는 것 같아 하는 수 없이 그대로 썼다. 그러면 아무리 면접을 잘 봐도 현재 연봉이 낮으면 그보다 아주 높은 연봉을 요구하기가 껄끄러웠던 게 사실이다. 이 법도 바뀌었다. 2018년 이후 법적으로 채용 시 고용주가 연봉을 묻는 것이 금지되었다. 즉 현재 연봉과 상관없이 당당하게 본인이 원하거나 적당하다고 생각하는 금액을 요구하면 된다.

예전에는 외국 사람들이 한국에서 이력서에 사진을 첨부하는 것을 이상하게 여겼는데, 요즘은 여기서도 링크드인 덕분에 구직자의 사진을 대부분 확인할 수 있다. 이렇게 링크드인이 채용 문화를 많이 변화시켰다. 사진뿐만 아니라 회사에서 요구하는 서류를 준비하기도 많이 간편해졌다. 10여 년 전 내가 처음 미국에서 구직을 할 때만 해도 이력서, 자기소개서를 회사마다 전부 다르게 준비해야 했다. 그래서 이력서를 5개 정도만 써도 하루가 다 갔다. 그때만 해도 링크드인은 회사들이 공고를 올리는 정도로만 사용되었고, 여기를 통해 알게 된 구인 정보를 가지고 각 회사의 웹사이트로 들어가 그 회사가 요구하는 자료를 제출하는 것이 지원 방법이었다. 요즘엔 링크드인 덕분에 하루 동안 수백 개의 회사에 지원할 수 있는 세상이 왔다. 하지만 이렇게 지원이 편해지면서 지금의 구직자들은 예전보다 훨씬 더 큰 경쟁률을 뚫고 서류 심사를 통과해야 한다. 이런 걸 보면 기술의 발전이란 게 꼭 좋은 일만은 아닌 것 같다.

4

면접 전부터
먼저 나를
세일즈하라

여기서는 어디든 구인 공고가 나면 엄청난 양의 이력서가 쏟아진다. 이것은 비단 대기업뿐 아니라 스타트업도 마찬가지다. 입사 지원 자체가 쉬운 것도 이유지만 앞서서 말했듯 학력을 요구하지 않거나 있더라도 중요하게 생각하지 않는 것도 대량의 지원자가 몰리는 이유이기도 하다. 무엇보다 이제는 링크드인이나 웹사이트를 통해 클릭 한 번으로 세계 어디서든 입사 지원을 할 수 있다. 이렇게 이력서를 제출하면 보통 첫 번째 관문으로 서류 심사를 통과해야 하는데, 대기업들은 인사과에서 하나하나 이력서를 검토하는 것이 아니라 시스템이 자동으로 처리하는 경우가 대부분이다. 그래서 아무리 실리콘밸리 대기업에서 비슷한 일을 수년간 했어도 시스템의 서류 검사를 통과할지는 장담할 수 없다. 그래서 여기 사람들은 사실 링크드인이나 웹사이트를 통해 이력서를 제출하는 경우가 드물다. 다들 지원할 회사의 직원을 찾아 그들을 통해 추천을 받아 지원한다.

우선 추천인을 찾기 전에 실리콘밸리의 직원 추천 Referral 문화에 대한 이해가 필요하다. 실리콘밸리 회사들은 대부분 직원 추천을 적극 장려한다. 내가 추천한 사람이 회사에 입사하면 회사에서는 감사의 표시로 추천 보너스 Referral Bonus를 준다. 우스갯소리로 추천이 부업이라고 할 정도로 실리콘밸리에서는 추천 보너스가 보편화되어 있다. 적게는 1,500달러(약 2백만 원)부터 높은 직책이거나 인재를 찾기 힘든 직종은 6,500달러(약 8백만 원)까지 하는 회사도 있다.

이렇게 회사들이 직원 추천에 보너스까지 주는 데는 이유가 있다. 우선 이렇게 현 직원이 추천한 사람들은 어느 정도 믿을 수 있기 때문이다. 어떤 직원도 못 미더운 사람을 자기가 지금 다니는 회사에 추천하지는 않는다. 그래서 보통 이렇게 추천을 받고 지원한 사람들은 서류 심사 없이 바로 면접으로 직행하거나 아니면 면접의 마지막 과정인 평판 조회 Reference를 거치지 않는 경우도 있다. 두 번째 이유는 구인 비용의 절약이다. 구인 활동에는 시간과 돈이 생각보다 많이 든다. 인사과 직원 또는 리쿠르팅 전문 기업을 통해 많은 이력서를 보면서 한 사람 한 사람 연락해 구직자와 통화하고 사전 심사를 하는 과정을 생각해 보자. 추천을 받은 구직자들의 서류 심사만 생략해도 회사 입장에서는 시간과 비용을 절감할 수 있다.

그럼 구체적으로 직원 추천은 어떻게 이루어질까? 먼저 내가 지금 구직 활동을 하고 있다고 가정해 보자. 내가 이력서를 내고 싶은 회사가 있다면 아는 사람 중에 이 회사에 다니는 사람이 있는지 우선 찾는다. 이때 링크드인이 정말 큰 도움이 된다. 링크드인에서는 회사에 내가 아는 사람이 다니면 그 사람들이 1순위로 보이고, 한 다리 거쳐 아는 사람은 2순위 그리고 한 다리를 더 거치면 3순위로 보여 준다. 이렇게 찾으면 거의 모든 회사에 최소한 두세 다리를 거쳐서라도 아는 사람이 나오기 마련이다.

만약에 아는 사람이 세 다리를 거쳐도 없다? 걱정할 필요 없다. 링크드인에서는 회사마다 전체 직원들의 목록도 확인할 수 있다. 내가 원하는 직종과 같거나 비슷한 직종인 사람이나, 나와 조금이라도 연관이 있는 사람을 찾아 메시지를 보내는 것이다. 많은 이야기를 늘어놓을 필요도 없고, 지원하는 자리와 내 링크드인 프로필을 보내면 끝이다. 여기서는 이렇게 쉽게 직원 추천을 서로 주고받는다. 나도 자주 링크드인을 통해 모르는 사람에게서 우리 회사에 입사 추천을 해 달라는 메시지를 받는다. 이런 요청을 받아도 나는 전혀 불쾌하거나 시간 낭비라고 생각해 본 적이 없다. 모르는 사람이라도 '내가 잘 아는 사람은 아니지만 통화를 해 보니 괜찮은 사람 같고 우리가 찾는 기술을 가지고 있는 듯하다' 정도의 메모를 곁들여서 회사에 추천하면 된다.

처음에는 알지 못하는 사람에게 추천을 요청하는 게 어색하기도 하고 부끄러울지 모르지만 여기서는 아주 흔한 일이다. 앞서 말했다시피 실리콘밸리의 거의 모든 회사들이 추천 보너스를 주기 때문에 이런 메시지를 대다수가 반가워한다. 보통 이런 메시지를 받으면 우선 메시지를 보낸 사람의 경력 페이지에 가서 이 사람에 대해 알아보고, 경력이 탄탄하고 원하는 직업과 관련된 기술이 있다면 입사 추천을 한다. 이것도 역시 다른 절차 없이 추천 링크나 코드를 보내면 끝이다.

이렇게 추천을 받으면 당연히 면접까지 갈 확률은 인터넷으로 이력서를 보내는 것에 비해 기하급수적으로 높아진다. 한마디로 직원 추천은 입사를 보장한다기보다는 엄청나게 어려워진 첫 관문, 즉 서류 심사를 건너뛰는 것이 목적이라고 보면 된다.

직원 추천을 요청하는 몇 가지 방법과 지켜야 할 매너에 대해 소개하자면 다음과 같다.

- 구구절절이 사연을 소개할 필요는 없지만, "현재 ××에

서 근무 중인 3년 차 엔지니어인데 ○○ 쪽에 관심이 많아서 연락을 하게 되었습니다"와 같이 간단한 자기소개가 들어가야 한다.

- 원하는 업무에 대한 구체적인 설명이나 링크를 첨부해야 한다. 정확하게 본인이 뭘 하고 싶은지 알려주지 않으면 도움을 받기가 힘들다.
- 만나자고 하거나 통화하자고 먼저 제안하기보다, 회사에 대해 질문이 있다고 말하고 혹시 시간이 있으면 그쪽이 원하는 때에 원하는 방법으로 연락하고 싶다고 말하는 것이 좋다. 메시지를 받은 사람이 통화하거나 만나자고 제안하면 그때 응하면 된다.
- 전혀 모르는 사람에게 요청할 때는 무엇이든 공통점을 찾는 것이 좋다. 가령 "선배님, 링크드인을 보니까 ○○대학 출신이시던데, 저는 ○○학번입니다!" 또는 "저도 마라톤을 좋아하는데 지난번에 시카고 마라톤 완주 사진을 링크드인에 올리신 것을 봤습니다" 정도가 좋다. 너무 개인적인 이야기는 피해야 한다.
- 프로페셔널하지 않은 메시지는 절대로 보내지 말아야 한다. 가령 "사진이 잘 나왔다" 등 외모에 관한 이야기 또는 링크드인에 없는 내용, 예로 "이름을 구글에 검색해 보니 94년도에 ○○에 사셨다고 나오던데, 저도 거기서 살았습니

다" 등 링크드인에 공개되지 않은 정보들을 언급해서는 안 된다.

- 한 회사에서 다수에게 동시에 추천을 요청하는 것은 피해야 한다. 여러 명이 한꺼번에 추천하면 시스템에 혼란이 오고 나중에 어색하게 추천을 철회해 달라고 요청해야 할 수도 있다.

여기서는 직원 추천 요청에 보통 많은 사람들이 흔쾌히 응하지만, 이런 요청이 거북하거나 바쁜 사람들은 요청 메시지를 받고 나서 그냥 무시해 버린다. 그래서 요청을 보내고 하루나 이틀 동안 연락이 없으면 다른 사람을 찾아 요청하면 된다. 답장이 없다고 어색해할 필요도 없고 기분 나빠할 필요도 없다. 혹시 미국이나 기타 해외 취업을 생각하고 있다면 링크드인을 통해 메시지를 한번 보내기를 권한다. 생각보다 친절하게 취업에 대한 정보나 도움을 받을 수도 있다.

5

면접 때
이렇게 말하면
반드시 떨어진다

내가 처음 실리콘밸리에서 면접관으로 면접을 볼 때 놀랐던 점은, "앞으로의 계획이 뭔가요?"라는 질문에 많은 사람들이 거리낌 없이 "몇 년 정도 일하다가 제 회사를 차리고 싶습니다" 또는 "2~3년 후에 다른 공부를 하고 싶습니다"라고 대답하는 것이었다. 그래서 슬쩍 다른 면접관들에게 이런 사람들을 어떻게 생각하냐고 물었다. 여기서는 이런 대답은 거의 모든 면접관이 괜찮다고 생각한다. 한국처럼 평생 회사를 위해 충성하고 열심히 일하겠다고 대답하는 사람들은 여기선 많지도 않거니와, 이런 질문은 그저 이 사람이 어떤 포부를 가졌는지를 가늠하는 것이지 충성심을 테스트하는 것은 아니라는 것이 보편적인 의견이다. 회사의 입장에서는 몇 년 동안이라도 성실히 필요한 일을 해 준다면 그것으로 충분하다. 그래서 면접 시 회사에 대한 충성심이나 과한 애착 등은 표현할 필요도 없고 면접관들이 그렇게 중요하다고 생각하지도 않는다.

보통 면접을 볼 때 면접관이 곤란한 질문을 해서 나를 탈락시킬까 봐 걱정하는 경우가 많다. 그러나 실제로 면접을 진행하는 사람들은 오히려 면접 중에 곤란한 질문을 하지 않으려 무척 애를 쓴다. 즉 면접관의 입장에서는 지원자가 대답할 수 없거나 잘 모르는 주제에 대해서는 피하려 노력한다는 말이다. 면접관은 이력서에서 경력이나 기술 등을 자세히 보고 거기 있는 내용을 중심으로 질문을 한다. 예를 들어, 이력서에 '○○ 시스템을 5년 동안 구축 관리하는 일을 했다'라고 쓰여 있다면 면접관은 그 시스템에 대한 질문을 집중적으로 할 수밖에 없다. 그래야 얼마나 이 사람이 그 시스템을 잘 아는지, 어떤 종류의 일을 했는지, 우리가 하려는 일과 그 경력이 얼마나 연관이 있는지 알 수 있기 때문이다.

보통 본인이 서류 심사를 통과했다는 의미는 우리는 서류상으로 본인이 제출한 기술, 교육 그리고 경험이 우리가 찾는 사람의 조건과 맞는다는 의미다. 이렇게 되면 면접의 목적은 두 가지라고 볼 수 있다. 첫째는 서류상으로 쓰인 것들이 사실인지 또는 과장되거나 우리가 생각하는 것과 차이가 있는지를 알아보는 것이다. 이 사람이 가진 경험과 지식을 바탕으로 우리가 필요로 하는 일을 할 수 있는지를 가늠하는 것이다. 그래서 이력서를 쓸 때 특히 기술 사항을 있는 그대로 써야 하는 것이 바로 이런 이유 때문이다. 한 번도 자바스크립트를 사용해 보지 않았는데 3년간의 경력이 있다고 이력서에 쓰면 면접을 볼 때 곤란한 일이 일어날 수 있다. 면접관의 입장에서는 당연히 이 정도의 문제는 자바스크립트를 3년 써 본 경력이라면 해결할 수 있을 거라 생각했는데, 면접자가 문제를 전혀 풀지 못한다면 우리는 이 사람의 이력서에 쓰여 있는 모든 것을 믿을 수가 없게 된다. 둘째는 이 사람이 우리 회사에 잘 맞는 사람인지 또는 동료들과 함께 일을 잘할 수 있는 사람인지를 보는 것이다. 기술이 충분해도 같이 일하기 힘들 것 같다는 인상을 주면 면접에 통과할 수 없다.

어느 면접관도 지원자를 민망하게 하거나 난처하게 하고 싶지 않다. 가끔 지원자가 질문에 대답을 전혀 못 하거나 생각했던 것만큼의 기술이 없다고 생각되면 면접관이 먼저 당황할 수밖에 없고, 기술 면접은 갈수록 쉬운 문제들로 이어진다. 여기서는 면접관이 면접을 진행하기 전에 면접에 관한 여러 가지 교육을 받는데, 그중 가장 중요한 것은 면접 시 면접 결과와 상관없이 지원자를 불쾌하게 하거나 회사에 대해 나쁜 감정을 품게 해서는 안 된다는 것이다. 그래서 면접관은 면접의 진행을 항상 긍정적으로 유도한다. 그래서 지원자가 면접에 잘 대처하지 못한다면 바로 쉬운 질문이나 가벼운 소재로 대화 주제를 돌리는 경우가 많다. 이런 이유로 실리콘밸리에서 면접을 볼 때는 대답을 잘못한 것 같아도 분위기가 좋아서, 지원자의 입장에서는 내가 면접을 잘한 건지 못한 건지 아리송한 기분이 들 때가 많다.

덧붙여 면접 중에 질문이 전혀 이해되지 않을 때는 "잘 모르겠습니다" 또는 "무슨 말인지 이해가 안 갑니다"라고 솔직하게 말하는 것이 중요하다. '대충 이런 걸 물어보는 거겠지'라고 넘겨짚고 얼버무리기보다는 차라리 질문의 의도를 잘 모르겠다거나 또는 이해가 안 간다고 솔직하게 이야기하고, 질문과 그 의도를 이해하려 노력하는 태도를 보이는 것이 좋다. 면접관의 입장에서 최하 점수를 줄 수밖에 없는 경우는 의도한 질문을 피하거나, 질문에 제대로 대답하지 않고 엉뚱한 대답을 하는 것이다. 차라리 모른다고 하고 다음 질문으로 넘어가는 게 낫다.

면접에서 긴장되어 생각이 잘 안 날 때 "지금 너무 긴장됩니다"라고 솔직히 말하는 것도 면접관에게 인간적인 면을 보여 주고 공감대를 형성할 수 있다. 실제로 면접관들과 최종 결정을 하는 자리에서, "그 지원자는 너무 긴장해서 대답이 잘 안 나온 것 같다"라고 이해해 주는 경우가 상당히 많다. 특히 신입 사원을 뽑거나 큰 경력을 요구하지 않는 경우는 사실 지원자들 간에 실력 차이가 크지 않기 때문에, 이런 솔직함이나 인간적인 면에 점수를 더 주는 면접관이 많다. 사실 면접관들도 면접 동안 많이 떨리고 긴장한다. 긴장된다고 솔직히 지원자가 말하면 면접관도 조금 덜 긴장하고, 또 이런 인간적인 대화는 짧은 시간이지만 나름대로 공감대를 형성해서 면접의 흐름에 도움을 줄 수도 있다. 나도 보통 면접관을 1시간 동안 하고 나면 온몸이 땀으로 흠뻑 젖을 때가 많다. 면접관으로 면접을 보는 게 지원자일 때만큼 떨린다. 내가 말실수는 안 했는지, 질문은 정확히 알아듣기 쉽게 했는지, 혹시 회사에 해가 되는 말을 하지는 않았는지, 지원자의 질문에 솔직하게 잘 대답했는지 면접이 끝나고도 걱정을 많이 한다. 면접관들도 인간적으로 솔직하게 면접에 임하는 사람에게 마음이 끌리는 것은 어찌 보면 당연하다. 기술 면접을 볼 때도 마찬가지다. 모르면 솔직하게 모른다고 인정하면 0점이고, 아는 척하면 마이너스 1점이다.

딱히 기술 면접이 아니라 어떠한 형식이든, 면접을 준비하고 있다면 면접관들이 내가 면접을 잘 보기를 바라는 사람들이라고 생각하는 것도 중요하다. 이렇게 생각하고 면접에 들어가면 지원자는 면접이 훨씬 편해질 수밖에 없다. 예를 들면 궁금한 점이 있을 때 물어보기가 쉬워질 수도 있고, 질문이 이해가 안 될 때 다시 설명해 달라고 요청하기도 쉬워진다. '면접관은 내 응원자다'라고 생각하라는 게 지원자에게 심리적인 안정을 주려고 괜히 하는 말이 아니다. 보통 면접관들에게 면접은 바쁜 일과 중 또 다른 일일 뿐이다. 이들은 면접만 전문적으로 하는 사람들이 아니라 회사의 평범한 직원들이다. 면접이 끝나면 개발자로서 일상으로 돌아가 주어진 일을 해야 한다. 보통 면접에 들어갈 때 면접관도 '이번이 마지막 면접이었으면 좋겠다'라는 마음으로 들어간다. 또 내가 면접을 보고 입사한 사람이 동료가 되면 뿌듯하고 기분이 좋다. 그래서 나도 면접에 들어갈 때 지원자가 면접을 잘 봤으면 하고 은근히 바란다.

면접을 볼 때 지원자의 입장에서는 내가 엄청나게 실력이 좋다는 것을 보여 주는 것이 우선순위라고 생각한다. 그런데 실제로는 '나와 일하면 좋을 거야'라는 인상을 심어 주는 것도 중요하다. 보통 면접관들은 지원자와 같은 부서나 팀에서 일할 가능성이 높다. 그래서 '이 사람과 일하면 좋겠다'라는 생각이 들어야 합격 점수를 준다. 아무리 코딩을 잘하고 경력이 화려해도 '이 사람과는 별로 일하고 싶지 않다'라는 인상을 주면 합격하기 어렵다. 실제로 많은 면접관들이 "코딩은 잘하는데 같이 일하는 건 어떨지 모르겠다"라는 이유로 지원자를 탈락시키는 경우가 많다. 잘난 척하는 사람들, 실수는 한 번도 안 한다는 사람들, 모든 것을 혼자서 했다고 말하는 사람들이 바로 이러한 경우에 해당한다. 면접 볼 때 면접관이 나와 곧 함께 일할 동료라고 생각하고 겸손하고 즐겁게 면접에 임해야 여기서는 성공할 수 있다.

내가 처음 실리콘밸리 스타트업에서 면접을 볼 때 재미있는 경험을 많이 했다. 스타트업의 면접은 대기업들보다 더 자유롭고 형식도 다양하다. 그리고 면접 결과와는 상관없이 끝은 맥주로 끝나는 경우도 허다하다. 내가 겪은 몇 가지 면접과 관련된 재미있거나 특이한 에피소드를 소개하겠다.

면접만 10시간

보통 개발자 면접은 전화 면접(30분~1시간), 화상 코드 면접(1~2시간), 최종 면접(3시간)으로 총 5~6시간 정도 여러 차례에 걸쳐 이루어진다. 한번은 최종 면접을 보러 오전 10시에 갔다가 오후 8시에 겨우 나온 적이 있다. 아침에는 코딩 면접을 보고 팀과 함께 점심을 같이 먹은 후 오후에는 프레젠테이션을 요구했다. 오후 5시에 저녁 식사를 하고 또 아침에 한 프로그램을 엔지니어와 다시 고치고 완성하니 오후 7시가 넘었다. 슬슬 집에 혼자 있는 반려견 브라이언이 걱정되기 시작했다. 그래서 난 이제 집에 가고 싶다고 말하고 나왔다.

면접이 이렇게 오래 걸릴 거라고 사전에 말해 주지 않는 것은 여기서도 굉장한 실례다. 나중에 알게 됐는데 이 면접은 한 단계를 통과하면 다음 단계로 넘어가는 스무고개식 면접이었다. 회사에서 오래 붙잡고 일을 시켜도 불평하지 않고 계속 묵묵히 일할 사람을 찾는다는 취지도 있었던 것 같다. 오랜 시간 면접을 보고도 떨어져서 더 기분이 나빴던 경험이었다.

마지막 면접은 CEO 집에서

작은 스타트업에서 3시간 동안 면접을 보고 나서 집으로 가는 길에 전화가 왔다. 최종 CEO 면접이 남아 있었는데 CEO의 집으로 가서 면접을 보면 안 되겠냐고 면접관이 내게 물었다. '이런 경우도 있나?' 싶었지만 그래도 취직은 해야겠기에 긴장한 채로 CEO의 집을 1시간 넘게 걸려 찾아갔다. 그날은 CEO의 가족들과 함께 저녁을 먹으며 최종 면접을 봤다.

CTO는 지금 버닝맨(Burning man)에

버닝맨은 미국에서 젊은이들 사이에 가장 인기 있는 축제 중 하나다. 몇 년 전 나는 스타트업에서 코딩 면접을 3시간 동안 보고 마지막 면접을 기다리고 있었다. 그런데 CTO, CEO 모두가 버닝맨에 참가 중이어서 다음 주에나 돌아올 예정이라며 면접을 미루자고 하더라.

맥주 마시며 면접 보기

실리콘밸리에서 가장 흔한 것들 중 하나가 술이다. 사무실 냉장고에 술이 구비되어 있는 건 일상적으로 본다. 한번은 면접을 보러 갔는데 2시간의 면접이 끝나고 15분의 휴식 시간이 주어졌다. 화장실을 다녀오자 면접관이 아무거나 원하는 대로 꺼내서 마시라며 회사 냉장고 문을 열었다. 나는 즐비하게 색색으로 진열된 수십 가지 캔 중에 별생각 없이 하나 꺼내 들었다. 그리고 다음 면접을 시작하면서 캔을 따 마시기 시작했다. 한 모금 벌컥 마시고 놀라서 캔을 보니 내가 고른 것은 하필 7% 도수의 맥주였다. 나는 당황하면서 맥주인 줄 모르고 꺼냈다고 했더니, 면접관이 웃으며 면접 중에 맥주를 마시는 지원자는 처음이라 자기도 당황했단다.

에필로그

우리가 실리콘밸리에서 자주 쓰는 말 중에 에코 체임버Echo Chamber라는 단어가 있다. 한국어로는 '메아리 방' 정도로 번역할 수 있는 이 말은, 나와 비슷한 생각을 하는 사람들끼리 살면서 다양한 의견보다는 비슷한 생각들만 공유하고 산다는 뜻이다. 그동안 실리콘밸리에서 나와 함께 일하는 사람들이나 주변의 이야기들이 요즘 들어서는 이런 에코 체임버가 아닐까 하는 생각이 들었다. 그래서 이 이야기들을 더 많은 사람들과 나누고자 브런치를 통해 글로 올리기 시작했다.

처음 실리콘밸리에 관한 이야기를 브런치에 쓰면서 나는 내가 보는 실리콘밸리를 한국에 소개하고 싶었다. 이곳에 사는 친구들, 회사 동료들 그리고 실리콘밸리의 여러 기업에 근무했던 남편과의 대화가 자연스럽게 글의 소재가 되었다. 그러다 출판사에서 책으로 이야기들을 엮어 내자는 제안을 받고 글을 정리해 보니 약간 걱정이 되기 시작했다. '실리콘밸리에 사는 다른 이들도 나의 이야기에 동감할까? 실리콘밸리에서 성공한 다른 유명인들의 이야기들도 많은데, 서른 다섯에 코딩을 배워 개발자가 된 나 같은 평범한 사람의 이야기에 누가 귀를 기울일까?' 하는 생각 때문이었다. 그래도 용기를 내서 출판을 결정한 이유는 십여 년 동안 내가 만난 다양한 사람들과 이들이 만들어 낸 눈부신 성공뿐만 아니라, 조금은 불편하고 어두운 실리콘밸리의 다른 면들도 보여 주고 싶었기 때문이다.

가지각색의 배경을 가진 친구들과 공부하고 일하고 어울리면서 쌓은 추억, 단기간의 부트캠프를 마친 뒤 수백 개의 회사에 이력서를 내밀고 면접에 참여하며 느낀 것, 첫 직장이 재정 문제로 허덕이다가 결국 전 직원 해고까지 간 과정 그리고 그 후에 입사한 스타트업이 유니콘에서 상장까지 간 경험 등 우리가 겪은 실리콘밸리는 한 가지가 아닌 다채로운 색의 조합이었다. 이 모든 경험들이 큰 배움과 성장의 기회를 주었지만, 무엇보다 좋은 사람들과 오랫동안 일할 수 있었다는 것에 정말 감사한다. 내가 실리콘밸리에서 10년 동안 배운 것은 개발자로서의 프로그래밍 기술뿐만이 아니다. 다른 사람들과 함께 즐겁게 일하면서 목표를 성취하는 문화를 경험한 것이 더 큰 배움이다.

파킨슨병과 함께 살고 있는 엄마, 그런 엄마를 대신 돌봐 주는 동생 세정이 그리고 내가 한국에 가면 혼자 버클리에 남아 일하며 개 돌보고 살림하느라 바쁜 남편 라이언, 분리 불안 증상으로 매일 발발 떠는 시니어 퍼글 브라이언에게 무한한 감사와 사랑한다는 말을 전한다.